高等继续教育财经专业精品教材系列

财智睿读

成本会计

Cost Accounting （第二版）

曹庆华 崔乐忠 主编

中国财经出版传媒集团
经济科学出版社
Economic Science Press

图书在版编目（CIP）数据

成本会计/曹庆华，崔乐忠主编．—2版．—北京：经济科学出版社，2020.7（2022.8重印）
高等继续教育财经专业精品教材系列
ISBN 978－7－5218－1452－1

Ⅰ.①成… Ⅱ.①曹…②崔… Ⅲ.①成本会计－成人高等教育－教材 Ⅳ.①F234.2

中国版本图书馆CIP数据核字（2020）第057049号

责任编辑：于海汛 陈 晨
责任校对：蒋子明
版式设计：齐 杰
责任印制：李 鹏 范 艳

成本会计
（第二版）
曹庆华 崔乐忠 主 编
经济科学出版社出版、发行 新华书店经销
社址：北京市海淀区阜成路甲28号 邮编：100142
总编部电话：010－88191217 发行部电话：010－88191522
网址：www.esp.com.cn
电子邮箱：esp@esp.com.cn
天猫网店：经济科学出版社旗舰店
网址：http://jjkxcbs.tmall.com
北京季蜂印刷有限公司印装
787×1092 16开 13.75印张 240000字
2020年8月第2版 2022年8月第2次印刷
印数：3001—6000册
ISBN 978－7－5218－1452－1 定价：24.00元

前　言

党的十八大以来，以习近平同志为核心的党中央坚定不移地实施科教兴国战略和人才强国战略，党的十九大明确提出要“办好继续教育”，为落实这一要求，推动高等继续教育提质增效，内涵式发展，同时也为了适应互联网技术快速发展带来的教育领域教学模式和学习方式的新变化，山东财经大学在原有成人高等教育财经专业精品教材系列的基础上，重新组织编写制作了新的高等继续教育财经专业精品教材系列。

该系列教材的编写制作，在内容上紧扣财经类专业课程设置和教学大纲，科学、系统地涵盖了专业教学的基本内容，适用于经济、管理学科，尤其是经济学、会计学、金融学和工商管理等专业高等继续教育的教学，对指导和帮助学生获取专业基础知识和基本技能具有较强的针对性；在形式上，注重突破传统纸媒局限，将课程内容中的重点、难点等用微课的形式加以呈现，实现教师授课“一扫即现”，知识点讲解深入浅出，满足学生在学习传统网络课程的基础上利用互联网进行移动学习、远程学习、在线学习等信息化学习需求，为学生提供更直观、更便捷的学习方式。

另外，这套教材的作者都是多年从事一线教学的教师，经验丰富，了解学生的学习特点和需求，在篇章安排及体例设计方面融合了国内外相应领域优秀教材的编写方法，每章开头提示“本章要点”，结束进行“本章小结”，前后呼应，并根据章节重点内容设计相应的练习题，对知识点加以巩固，符合学生学习的认知规律。该系列教材在使用范围和地域上，具有广泛的适应性。

《成本会计》是高等继续教育财经专业精品系列教材之一，分四个部分：成本会计总论、企业成本核算的原理、产品成本计算方法和成本报表编制与分析。本教材以制造业为主线，重点介绍产品成本的归集与分配、生产费用在完工产品和月末在产品之间的分配、产品成本计算的品种法、分批法、分步法、分类法和作业成本法、商品产品成本报表编制和成本分析方法及其应用等。本教材共有 11 章，每章包括三个部分：学习目标、教材内容和小结。

继《企业产品成本核算制度（试行）》发布以后，财政部又陆续发布了《企业产品成本核算制度——石油石化行业》《企业产品成本核算制度——钢铁行业》《企业产品成本核算制度——电网经营行业》等行业成本核算规程，本教材以上述制度和规程为主要依据，汲取了会计实践的最新经验和成本会计教学的大量成果，同时适应成人高等教育会计专业的教学要求，以强化专业基础知识、培养学生的实践能力为重点，理论联系实际，结合我国制造业企业的实际情况，力求突出可操作性和实践性，体现时代性和前沿性。本教材大量采用图表将成本核算的程序、费用的分配方法、产品成本计算的具体方法等清晰地展现出来，便于理解，同时也把本课程的主线勾勒出来，直观明了。

本教材由曹庆华和崔乐忠任主编，王珊和邵文龙任副主编。各章编写分工如下：第 1 章和第 3 章由山东财经大学会计学院曹庆华编写；第 2 章由山东财经大学继续教育学院邵文龙编写；第 4 章和第 11 章由山东省胸科医院财务科王珊编写；第 5 章和第 10 章由山东女子学院张爱云编写；第 6 章、第 7 章、第 8 章和第 9 章由山东财经大学继续教育学院崔乐忠编写。

本教材的编写参考并吸取了相关教材和书籍的内容，谨此说明并表示感谢。由于作者水平有限，教材中难免有疏漏、错误之处，敬请读者批评指正。

编者

2020 年 4 月

目 录

第 1 章 总论

学习目标

◇ 了解成本会计的机构设置和人员配备；
◇ 理解成本会计的对象和职能；
◇ 掌握成本的含义及其作用、成本会计的核算形式。

1.1 成本会计的对象和性质

知识拓展：
成本的含义

1.1.1 成本的概念

不同的学科，由于其研究的角度和目的不同，对成本的定义也不完全相同。

长期以来，我们主要以马克思在《资本论》中的有关论述来论证成本的含义。马克思指出："按照资本主义方式生产的每一个商品W的价值，用公式来表示是W = c + v + m。如果从这个产品价值中减去剩余价值m，那么，在商品中剩下的，只是一个在生产要素上耗费掉的资本价值c + v的等价物或补偿价值。"因此，从理论上说，产品成本是企业生产经营过程中所耗费的生产资料转移的价值和劳动者为自己劳动所创造的价值的货币表现，也就是企业在生产经营中所耗费的资金的总和。

在会计学中，成本是指为了实现一定的经济目的而付出的、可以用货币计量的代价（或价值牺牲）。而经济学对于成本的定义较为宏观：凡是经济资源的牺牲都是成本。换句话说，成本可以是有形的或无形的，主观认定或客观认定，货币或非货币，也包括社会成本如因污染引发的成本。

本书采纳会计学定义，按照我国财政部2013年发布的《企业产品成本核算制度（试行)》规定，“产品，是指企业日常生产经营活动中持有以备出售的产成品、商品、提供的劳务或服务。产品成本，是指企业在生产产品过程中所发生的材料费用、职工薪酬等，以及不能直接计入而按一定标准分配计入的各种间接费用”。

另外，不同行业成本的内容不完全相同，本书主要以制造业为例，分析成本的构成和成本的计算方法。对于制造业而言，为了实现获取收益的目的，必须组织生产、制造产品，为此需要付出如下代价：耗费原材料、燃料及动力等，计提固定资产折旧，以及支付职工薪酬等。

1.1.2 成本与费用

成本与费用是一组既有一定联系又有一定区别的概念。区分成本与费用是非常重要的。按照《企业产品成本核算制度（试行)》规定，“产品成本，是指企业在生产产品过程中所发生的材料费用、职工薪酬等，以及不能直接计入而按一定标准分配计入的各种间接费用”，它是对象化的费用，即产品成本是相对于一定的产品而言所发生的费用，是按照产品品种等成本计算对象对当期发生的费用进行归集而形成的。按照《企业会计准则——基本准则》规定，费用是企业在日常活动中发生的会导致所有者权益减少的、与向所有者分配利润无关的经济利益的总流出。费用是资产的耗费，它与一定的会计期间相联系，而与生产哪一种产品无关；成本与一定种类和数量的产品或商品相联系，而不论发生在哪一个会计期间。

成本与费用是一组既有紧密联系又有一定区别的概念，区分成本与费用是非常重要的。成本是指生产某种产品、完成某个项目或者说做成某件事情的代价，也即发生的耗费总和，是对象化的费用。费用是指企业在获取当期收入的过程中，对企业所拥有或控制的资产的耗费，是会计期间与收入相配比的成本。成本代表经济资源的牺牲，而费用则是会计期间为获得收益而发生的成本。

典型的成本是产品成本，其实质就是各项生产耗费的价值凝结，同时它也被用作存货资产价值的计量。在产品没有被售出之前，产品成本始终作为资产的一个组成部分。一旦产品售出，其成本就转化为出售当期的销售成本，并与当期发生的其他费用一起，由当期营业收入予以补偿。

由此可以得出以下结论：

第一，费用是成本的基础，没有发生费用就不会形成成本。

第二，按成本计算对象归集的费用构成成本，其发生期与补偿期并非完全一致；不予对象化的费用则可按发生期间归集，由同期收入补偿。

1.1.3 成本的作用

成本在经济管理工作中的作用主要表现在以下几个方面：

1. 成本是补偿生产耗费的尺度

为了保证企业再生产的不断进行，必须对生产耗费，即资金耗费进行补偿。企业是自负盈亏的商品生产者和经营者，其生产耗费是用自身的生产成果，即销售收入来补偿的。而成本就是衡量这一补偿份额大小的尺度。企业在取得销售收入后，必须把相当于成本的数额划分出来用以补偿生产经营中的资金耗费。这样，才能维持资金周转按照原有的规模进行；如果企业不能按照成本来补偿生产耗费，企业资金就会短缺，再生产就不能按照原有的规模进行。成本也是划分生产经营耗费和企业纯收入的依据，在销售收入一定的情况下，成本越低，企业利润就越多。可见，成本作为补偿生产耗费尺度的作用，对经济发展有着重要的影响。

2. 成本是综合反映企业工作质量的重要指标

成本是一项综合性的经济指标，企业经营管理中各方面工作的业绩，都可以直接或间接地在成本上反映出来。例如，产品设计的好坏、生产工艺的合理程度、固定资产的利用情况、原材料消耗节约与浪费、劳动生产率的高低、产品质量高低、产品产量的增减以及供、产、销各个环节的工作是否衔接协调等等，都可以通过成本直接或间接地反映出来。

成本既然是综合反映企业工作质量的指标，因而可以通过对成本的计划、控制、监督、考核和分析等来促使企业以及企业内部单位加强经济核算，努力改进管理，降低成本，提高经济效益。

3. 成本是制定产品价格的一项重要因素

在商品经济中，产品价格是产品价值的货币表现。产品价格应大体上符合其价值。无论是国家还是企业，在制定产品价格时都应遵循价值规律的基本要求。但在现阶段，人们还不能直接计算产品的价值，而只能计算成本，通过成本间接地、相对地掌握产品的价值。因此，成本就成了制定产品价格的重要因素。当然，产品的定价是一项复杂的工作，应考虑的因素很多，例如国家的价格政策及其他经济政策、各种产品的比价关系、产品在市场上的供求关系及市场竞争的态势等。所以产品成本只是制定产品价格的一项重要因素。

4. 成本是企业进行决策的重要依据

企业为了未来的利益，必然要进行生产、技术和投资方面的决策，与备选方案相联系的各种形式的未来成本，是进行经营决策、选择最优方案的重要依据。同时，在价格等因素一定的前提下，成本的高低直接影响着企业盈利的多少，而较低的成本，可以使企业在市场竞争中处于有利地位。

1.1.4 成本会计的含义

知识拓展：
财务会计、
管理会计、
成本会计的关系

1. 成本会计的含义

成本会计是特定经济环境下的产物，既受当时经济条件的影响和制约，又服务于当时的经济社会，所以，成本会计的含义也随着经济的发展而发展变化。成本会计分为狭义和广义两种。

狭义的成本会计是基于商品经济条件下，为求得产品的总成本和单位成本而核算全部生产成本和费用的会计活动，即按照一定的程序、标准和方法，对企业发生的各种费用进行归集和分配，从而计算出产品总成本和单位成本的一系列程序和方法。

广义的成本会计是成本管理的全过程，它是以货币为主要计量单位，针对相关经济主体在产品生产经营过程中的成本耗费进行预测、决策、控制、核算、分析和考核的价值管理活动。

本书主要介绍狭义的成本会计。

2. 成本会计的产生和发展

成本会计先后经历了早期成本会计、近代成本会计、现代成本会计和战略成本会计四个阶段。成本会计的方式和理论体系，随着发展阶段的不同而有所不同。

（1）早期成本会计阶段（1880～1920 年）。随着英国产业革命完成，用机器代替了手工劳动，用工厂制代替了手工工场，会计人员为了满足企业管理上的需要，起初是在会计账簿之外，用统计的方法来计算成本。此时，成本会计出现了萌芽。从成本会计的方式来看，在早期成本会计阶段，主要是采用分批法或分步法成本会计制度；从成本会计的目的来看，计算产品成本以确定存货成本及销售成本。所以，初创阶段的成本会计也称为记录型成本会计。

（2）近代成本会计阶段（1921～1945 年）。19 世纪末、20 世纪初在制造业中发展起来的以泰勒为代表的科学管理，对成本会计的发展产生了深刻的影响。标准成本法的出现使成本计算方法和成本管理方法发生了巨大的变化，成本会计进入了一个新的发展阶段。近代成本会计主要采用标准成本制度和成本预测，为生产过程的成本控制提供条件。

（3）现代成本会计阶段（1945～1980 年）。20 世纪 50 年代起，西方国家的社会经济进入了新的发展时期。随着管理现代化，运筹学、系统工程和电子计算机等各种科学技术成就在成本会计中得到广泛应用，从而使成本会计发展到一个新的阶段，即成本会计发展重点已由如何对成本进行事中控制、事后计算和分析转移到如何预测、决策和规划成本，形成了新型的以管理为主的现代成本会计。

（4）战略成本会计阶段（1981 年以后）。20 世纪 80 年代以来，电脑技术的进步，生产方式的改变，产品生命周期的缩短，以及全球性竞争的加剧，大大改变了产品成本结构与市场竞争模式。成本管理的视角应由单纯的生产经营过程管理和重股东财富，扩展到与顾客需求及利益直接相关的、包括产品设计和产品使用环节的产品生命周期管理，更加关注产品的顾客可察觉价值；同时要求企业更加注重内部组织管理，尽可能地消除各种增加顾客价值的内耗，以获取市场竞争优势。此时，战略相关性成本管理信息已成为成本管理系统不可缺少的部分。

3. 成本会计的对象

成本会计的对象是指成本会计反映和监督的内容。从理论上讲，成本所包括的内容，也就是成本会计应该反映和监督的内容。但为了更为详细、具体地了解成本会计的对象，还必须结合企业的具体生产经营过程和现行的会计准则和会计制度等有关规定来加以说明。下面以制造业为例，说明成本会计反映和监督的内容。

制造业的基本生产经营活动是生产和销售产品。在产品的直接生产过程中，即从原材料投入生产到产成品制成的过程中，一方面制造出产品来，另一方面要发生各种各样的生产耗费。这一过程中的生产耗费，概括地说，包括劳动资料与劳动对象等物化劳动耗费和活劳动耗费两大部分。其中房屋、机器设备等作为固定资产的劳动资料，在生产过程中长期发挥作用，直至报废而不改变其实物形态，但其价值则随着固定资产的磨损，通过计提折旧的方式，逐渐地、部分地转移到所制造的产品中去，构成产品生产成本的一部分；原材料等劳动对象，在生产过程中或者被消耗掉，或者改变其实物形态，其价值也随之一次全部地转移到新产品中去，也构成产品生产成本的一部分；生产过程是劳动者借助于劳动工具对劳动对象进行加工，制造产品的过程，通过劳动者对劳动对象的加工，才能改变原有劳动对象的使用价值，并且创造出新的价值来，其中劳动者为自己劳动所创造的那部分价值，则以工资薪酬的形式支付给劳动者，用于个人消费，因此，这部分工资也构成产品生产成本的一部分。具体来说，在产品的制造过程中发生的各种生产耗费，主要包括原料及主要材料、辅助材料、燃料等的支出，生产单位（如分厂、车间）固定资产的折旧，直接生产人员及生产单位管理人员的工资薪酬以及其他一些货币支出等。所有这些支出，就构成了企业在产品制造过程的全部生产费用，而为生产一定种类、一定数量产品而发生的各种生产费用支出的总和，就构成了产品的生产成本。上述产品制造过程中各种生产费用的支出和产品生产成本的形成，是成本会计反映和监督的主要内容。

企业发生的销售费用、管理费用和财务费用，与产品生产没有直接联系，而是按发生的期间归集，直接计入当期损益，但也是成本会计应反映和监督的内容。

综上所述，按照企业会计准则和会计制度等有关规定，可以把制造业企业成本会计的对象概括为：企业生产经营过程中发生的产品成本和期间费用。

1.2 成本会计的职能和任务

1.2.1 成本会计的基本职能

成本会计的职能

成本会计的职能，是指成本会计作为一种管理经济的活动，在生产经营过程中所能发挥的作用。由于现代成本会计与管理紧密结合，因此，它实际上包括了成本管理的各个环节。现代成本会计的主要职能有：成本预测、成本决策、成本计划、成本控制、成本核算、成本分析和成本考核。

（1）成本预测。成本预测是指运用一定的科学方法，对未来成本水平及其变化趋势做出科学的估计。通过成本预测，掌握未来的成本水平及其变动趋势，可以为成本决策、成本计划和成本控制提供及时有效的信息，避免决策、计划和控制的盲目性和主观性。

（2）成本决策。成本决策是根据成本预测及有关成本资料，运用一定的方法，选择最佳成本方案的过程。成本决策是制定成本计划的前提，它贯穿于整个生产经营过程，涉及面广，因此，在每个环节都应选择最优的成本决策方案，才能达到总体的最优。

（3）成本计划。在成本决策的基础上，通过一定的程序，运用一定的方法，规定计划期内为完成生产任务所需的生产费用定额和各种产品的耗费水平。科学的成本计划，可以使企业员工明确降低成本的目标和挖掘成本降低的潜力。

（4）成本控制。成本控制是根据一定时期预先建立的成本管理目标，由成本控制主体在其职权范围内，在生产耗费发生以前和成本控制过程中，对各种影响成本的因素和条件采取的一系列预防和调节措施，以保证成本管理目标实现的管理行为。

（5）成本核算。成本核算是指将企业在生产经营过程中发生的各种耗费按照一定的对象进行分配和归集，以计算产品总成本和产品单位成本。成本核算是成本管理的重要组成部分，对于成本预测和经营决策等存在直接影响。进行成本核算，首先审核生产经营管理费用，看其已否发生，是否应当发生，已发生的是否应当计入产品成本，实现对生产经营管理费用和产品成本直接的管理和控制。其次对已发生的费用按照用途进行分配和归集，计算各种产品的总成本和单位成本，为成本管理提供真实的成本资料。

（6）成本分析。成本分析是利用成本核算资料及其他有关资料，分析成本水平与构成的变动情况，研究影响成本升降的各种因素及其变动原因，寻找降低成本途径的分析方法。成本分析是成本管理的重要组成部分，其作用是正确评价企业成本计划的执行结果，揭示成本升降变动的原因，为编制成本计划和制定经营决策提供重要依据。

（7）成本考核。成本考核是指定期考查审核成本目标实现情况和成本计划指标的完成结果，全面评价成本管理工作的成绩。成本考核的作用是，评价各责任中心特别是成本中心业绩，促使各责任中心对所控制的成本承担责任，并借以控制和降低各种产品的生产成本。

在成本会计的各个职能中，成本核算是最基本的职能，没有成本核算就没有成本会计。成本会计的各个职能是相互联系，互为条件的，并贯穿于企业生产经营活动的全过程，在全过程中发挥作用。

1.2.2 成本会计的任务

成本会计的任务是成本会计职能的具体化，也是人们期望成本会计应达到的目的和对成本会计的要求。成本会计的任务具体来说主要有以下几个方面：

知识拓展：
成本信息与质量要求

1. 及时、正确地进行成本核算，为企业经营管理提供有用的信息

按照国家有关法规、制度的要求和企业经营管理的需要，及时、正确地进行成本核算，提供真实、有用的成本信息，是成本会计的基本任务。这是因为成本核算所提供的信息，不仅是企业正确地进行存货计价、正确地确定利润和制订产品价格的依据，同时也是企业进行成本管理的基本依据。在成本管理中，对各项费用的监督与控制主要是在成本核算过程中，利用有关核算资料来进行的，成本预测、决策、计划、考核、分析等也是以成本核算所提供的成本信息为基本依据的。

2. 进行成本预测决策，编制成本计划或预算，为企业进行成本管理提供基本依据

为了使企业成本管理工作有计划地进行和对费用开支有效地进行控制，成本会计工作应在企业各有关方面的配合下，根据历史成本资料、市场调查情况以及其他有关方面（如生产、技术、财务等方面）的资料，采用科学的方法来预测成本水平及其发展趋势，拟订各种降低成本的方案，进而进行成本决策，选出最优方案，确定目标成本；然后再根据目标成本编制成本计划，制定成本费用的控制标准以及降低成本应采取的主要措施，以作为对成本实行计划管理，建立成本管理责任制，开展经济核算和控制费用支出的基础。

3. 严格审核和控制各项费用支出，努力节约开支，不断降低成本

企业作为自主经营、自负盈亏的商品生产者和经营者，应贯彻增产节约的原则，加强经济核算，不断提高企业经济效益。为此，成本会计必须以国家有关成本费用开支范围和标准，以及企业的有关计划、预算、规定、定额等为依据，严格控制各项费用的开支，监督企业内部各单位严格按照计划、预算和规定办事，并积极探求节约开支、降低成本的途径和方法，以促进企业经济效益的不断提高。

4. 考核成本计划或预算的完成情况，开展成本分析

在企业的经营管理中，成本是一个极为重要的经济指标，它可以综合反映企业以及企业内部有关单位的工作业绩。因此，成本会计必须按照成本计划等的要求，进行成本考核，肯定成绩，找出差距，鼓励先进，鞭策落后。同时，还必须认真、全面地开展成本分析工作。通过成本分析，揭示影响成本升降的各种因素及其影响程度，以便正确评价企业以及企业内部各有关单位在成本管理工作中的业绩，揭示企业成本管理工作中存在的问题，从而促进成本管理工作的改善，提高企业的经济效益。

综上所述，成本会计的任务包括：进行成本核算，提供真实、有用的核算资料，并进行成本的分析和考核，为经营管理提供有用的信息。鉴于此，本书的主要内容是：全面、系统地阐述成本核算的基本原理和各种成本计算方法（品种法、分批法、分步法和分类法等），以及成本报表的编制与分析。

1.3 成本会计的工作组织

为了发挥成本会计的工作职能，完成成本会计的任务，必须科学地组织成本会计工作。成本会计工作组织应包括成本会计工作应遵守的法规制度，机构的设置，人员的配备及其职责、权限，以及成本会计工作的组织形式等内容。

1.3.1 成本会计工作组织的原则

一般说来，企业应根据本单位生产经营活动的特点，生产规模的大小和成本管理的要求等具体情况来组织成本会计工作。具体地说，必须遵循以下几项主要的原则。

1. 成本会计工作必须实现经济与技术相结合

产品的设计、加工工艺等技术是否先进、在经济上是否合理，对产品成本的高低有着决定性的影响。因为产品成本的高低，在产品设计阶段基本已经确定，在生产过程中要想大幅度地降低产品成本是不现实的，除非重新改进产品设计。但是在传统的成本会计工作中，会计部门多注重产品加工中的耗费，而对产品的设计，加工工艺、质量、性能等与产品成本之间的联系则考虑较少，甚至有的成本会计人员不懂基本的工艺技术问题；相反，工程技术人员考虑产品的技术方面的问题多，但对产品的成本则考虑较少。这种成本会计工作与技术工作的脱节，使得企业在降低产品成本方面受到很大限制。因此，为了在提高产品质量的同时不断地降低成本，提高企业经济效益，在成本会计工作的组织上应贯彻与技术相结合的原则。

2. 成本会计工作必须与经济责任制相结合

实行成本管理上的经济责任制，是降低成本的一条重要途径。由于成本会计工作是一项综合性的价值管理工作，涉及面宽、信息灵，因此，企业应摆脱传统上只注重成本会计事后核算作用的片面性，充分发挥成本会计的优势，将其与成本管理上的经济责任制有机地结合起来，这样可以使成本管理工作收到更好的效果。例如，在实行成本分级分口管理的情况下，应使成本会计工作处于中心地位，具体负责组织成本指标的制定、分解落实，日常的监督检查，成本信息的反馈、调节以及成本责任的考核、分析、奖惩等工作。

3. 成本会计工作必须建立在广泛的群众基础之上

不断挖掘潜力，努力降低成本，是成本会计的根本性目标。但各种耗费是在生产经营的各个环节中发生的，成本的高低取决于各科室、车间、班组和职工的工作质量。同时，各级、各部门的职工群众最熟悉生产经营情况，最了解哪里有浪费现象，哪里有节约的潜力。因此，要加强成本管理，实现降低成本的目标，就不能仅靠几个专业人员，而必须充分调动广大群众在成本管理上的积极性和创造性。

1.3.2 成本会计机构设置

企业的成本会计机构，是指组织、领导并从事企业成本会计工作的职能部门或组织。由于成本会计是会计的一个分支，所以在实际工作中，成本会计机构一般设在企业会计机构内部，是企业会计机构的一个组成部分。例如，一个企业里如果设置会计处，其中从事成本会计工作的人员可组成成本会计科或成本科；如果企业规模较小，可在企业会计机构内部设置成本会计组或配备专职的成本会计人员，负责本企业的成本会计工作。企业车间、部门一般可根据成本管理的要求设置成本会计机构，或者配备专职或兼职的成本员，负责本车间、部门的成本会计工作。

成本会计机构的设置，应遵循会计机构设置的一般原则：一是要与企业的规模和管理体制相适应；二是要符合精简、效能的原则；三是机构内部的分工要明确、具体；四是成本会计机构内部各岗位之间，以及成本会计与其他会计岗位之间的分工，应遵守内部牵制原则。

1.3.3 成本核算方式

成本核算方式

成本核算方式是指企业组织成本核算的形式，具体可分为以下两种：一是集中核算；二是分散（级）核算。企业应根据自身规模的大小和管理体制的要求选用。

1. 集中核算方式

采用这种方式，是把企业成本会计的主要工作都集中在厂部成本会计机构进行。在这种方式下，各种成本会计凭证的审核、整理，各种费用的归集和分配，生产费用核算和产品成本计算等，都集中由厂部成本会计机构来完成。各车间、部门的成本员只填制原始凭证和原始记录，并对其进行初步审核和整理后报送厂部成本会计机构，为其进行成本核算提供原始资料。在这种情况下，各车间、部门一般只配备专职或兼职的成本员，不单设成本会计机构。

采用集中核算方式时，由于各车间、部门的有关成本、费用的原始资料都集中在厂部成本会计机构，因此，便于了解全厂各车间、部门的成本、费用信息，掌握全厂生产经营活动情况，有利于监督和控制全厂的成本费用。同时，还可减少成本会计人员和工作层次，节约管理费用。但是，在这种核算方式下，不便于开展责任成本核算，不利于调动广大职工群众参加成本管理的积极性。

2. 分散核算方式

分散核算方式也称分级核算方式或非集中核算方式。采用这种方式，是把成本会计的主要工作放给各车间、部门的成本会计机构或成本员分别进行。在这种核算方式下，主要原始凭证和原始记录的审核、整理，生产费用的归集和分配，成本的计算等，都由各车间、部门的成本会计机构或成本会计人员来完成。厂部会计机构只根据各车间、部门上报的成本计算资料进行全厂成本的汇总核算，以及生产费用的总分类核算和少数费用的明细核算。

与集中核算的优缺点相反，采用分散核算方式有利于开展和加强责任成本核算，有利于调动各车间、部门及职工参加成本管理和降低产品成本的积极性。但是，由于许多成本、费用的原始资料都分散在各车间、部门，厂部成本会计机构不便于了解各车间、部门的成本费用信息，难以掌握全厂生产经营活动情况的第一手资料，很难及时、有效地进行监督和控制。同时，也必然要增加成本会计人员和工作层次，势必要增加管理费用。

做好成本会计工作，除设置必要的成本会计机构，采用适应的成本核算方式以外，更重要的是配备、培养足够的政治素质好、业务水平高的成本会计人员，并建立健全各项成本会计制度，特别是要加强成本管理的责任制，深入开展全面成本核算工作。

本章小结

1. 产品成本，是指企业在生产产品过程中所发生的材料费用、职工薪酬等，以及不能直接计入而按一定标准分配计入的各种间接费用。

2. 成本与费用是一组既有一定联系又有一定区别的概念。产品成本，是指企业在生产产品过程中所发生的材料费用、职工薪酬等，以及不能直接计入而按一定标准分配计入的各种间接费用，它是对象化的费用，与一定种类和数量的产品或商品相联系。费用是企业在日常活动中发生的会导致所有者权益减少的、与向所有者分配利润无关的经济利益的总流出。费用是资产的耗费，它与一定的会计期间相联系，而与生产哪一种产品无关。

3. 成本会计的对象是指成本会计反映和监督的内容。制造业企业成本会计的对象为：企业生产经营过程中发生的生产经营业务成本和期间费用。

4. 成本会计的主要职能有：成本预测、成本决策、成本计划、成本控制、成本核算、成本分析和成本考核。其中最基本的职能是成本核算。

5. 成本会计工作的组织，主要包括成本会计机构的设置，人员的配备及其职责、权限，以及成本会计工作的组织形式等内容。

本章关键术语

成本会计、费用、成本、成本核算、集中核算、分散核算。

本章综合复习题

一、思考题

1. 成本与费用有哪些区别与联系？

2. 成本会计有哪些主要职能？

3. 什么是成本会计对象？制造业成本会计对象是什么？

4. 为什么说成本计算既是财务会计的一个重要组成部分，也是管理会计的一个重要组成部分？

5. 什么是集中核算？什么是分散核算？二者各有何优缺点？

二、选择题

1. 按产品的理论成本，不应计入产品成本的是（　　）。
   A. 生产管理人员工资　　B. 废品损失
   C. 生产用动力　　D. 设备维修费用
2. 实际工作中的成本开支范围与理论成本包括的内容是（　　）。
   A. 有一定差别的　　B. 完全一致的
   C. 完全不同的　　D. 可以相互替代的
3. 下列说法中，正确的是（　　）。
   A. 成本是补偿生产耗费的尺度
   B. 成本是制定产品价格的一项重要因素
   C. 成本是综合反映企业工作质量的重要指标
   D. 成本是企业进行决策的重要依据
4. 制造业企业成本会计的对象是（　　）。
   A. 期间费用　　B. 产品成本
   C. 制造费用　　D. 营业外支出
5. 成本核算方式主要有（　　）。
   A. 集中核算方式　　B. 分散核算方式
   C. 科目汇总表核算方式　　D. 汇总记账凭证核算方式

三、判断题

1. 产品成本，是指企业在生产产品过程中所发生的材料费用、职工薪酬等，以及不能直接计入而按一定标准分配计入的各种间接费用。（　　）

2. 成本会计是特定经济环境下的产物，成本会计的含义也随着经济的发展而发展变化。（　　）

3. 成本会计的各种职能中，最基本的职能成本预测。（　　）

4. 企业某一会计期间实际发生的费用总和，不一定等于该会计期间产品成本的总和。（　　）

5. 在实际工作中，由于经营管理费用不计入产品成本，所以，制造业企业成本核算内容是指产品成本的核算。（　　）

第 2 章

产品成本核算的原理

学习目标

◇ 了解企业产品成本核算的基本要求；

◇ 掌握成本的分类、产品成本核算设置的账户及一般程序。

产品成本的分类

2.1 产品成本的分类

在企业产品生产过程中发生的各种耗费，既有物化劳动耗费，又有活劳动耗费，还有其他支出。生产耗费的性质和用途的多样性决定了成本的多样性。为了加强成本的核算与管理，必须对企业的成本进行合理的分类。

2.1.1 成本按其经济用途分类

制造业产品成本按其经济用途可分为生产成本和非生产成本两大类。

为了具体地反映计入产品成本各种用途，把产品成本进一步划分为若干个项目，即产品成本项目。

根据生产特点和管理要求，我国制造业企业一般设立以下四个成本项目：

1. 直接材料

直接材料是指企业在生产产品过程中所消耗的，直接用于产品生产，构成产品实体的原料及主要材料、外购半成品（外购件）、修理用备件（备品配件）、包装物、有助于产品形成的辅助材料以及其他直接材料。

2. 燃料和动力

燃料和动力是指企业在生产产品过程中所消耗的，直接用于产品生产的外购和自制的燃料和动力费。

3. 直接人工

直接人工是指企业在生产产品过程中，直接从事产品生产的工人的职工薪酬，包括：短期薪酬、离职后福利、辞退福利和其他长期职工福利。

4. 制造费用

制造费用是指企业在生产产品过程而发生的各项间接费用。直接用于产品生产，但不便于直接计入产品成本，因而没有专设成本项目的费用（例如机器设备折旧费用），以及间接用于产品生产的各项费用（例如机物料消耗、车间厂房折旧费用等），包括车间管理人员薪酬、折旧费、修理费、办公费、水电费、机物料消耗、劳动保护费、季节性和修理期间的停工损失等，但不包括企业行政管理部门为组织和管理生产经营活动而发生的管理费用。

为了使产品成本项目能够反映企业的生产特点，满足成本管理的要求，企业可以根据自己的特点和管理的要求，对上述成本项目进行适当的调整。如果直接用于产品生产或提供劳务的外购半成品成本比重大，可以将“外购半成品”单独列为一个成本项目；如果产品成本中燃料和动力费所占比重小，可以将其并入“制造费用”成本项目中。又如，在生产过程中可能发生废品，如果废品损失在产品成本中的比重比较大，需要作为一项重点进行核算和管理，也可以增设“废品损失”成本项目。

2.1.2　产品成本按其计入成本对象的方式分类

产品成本按其计入成本对象的方式分为直接计入成本和间接计入成本。这种分类的目的就是为了经济合理地把成本归属于不同的成本对象。

1. 直接计入成本

直接计入成本是直接计入各品种、批次、生产步骤、类别等成本对象的成本。一种成本是否属于直接计入成本，取决于它与成本对象是否存在直接关系，并且是否便于直接计入。由于直接计入成本可以直接归属于某一特定成本对象，故也称之为可追溯成本。

2. 间接计入成本

间接计入成本是指与某一特定成本对象没有直接联系，不能用一种经济合理的方式追溯到该成本对象，如厂房的折旧。由于间接计入成本的发生与许多成本对象都有联系，必须选择适当的分配标准在各成本对象之间进行分配。

2.1.3 产品成本按照与工艺过程的关系分类

产品成本按照与工艺过程的关系分为直接生产成本与间接生产成本。

1. 直接生产成本

直接生产成本是指其发生与产品的生产工艺过程直接相关的生产成本，如生产过程中直接耗用的原料及主要材料、燃料、生产工人的薪酬和生产设备的折旧费用等。

2. 间接生产成本

间接生产成本是指其发生与产品的生产工艺过程不直接相关的生产成本，如机物料消耗、车间管理人员的薪酬、车间厂房的折旧费用等。

2.1.4 产品成本按其与业务量的关系分类

产品成本按照其与业务量之间的依存关系（或成本性态）可以分为变动成本、固定成本和混合成本三大类。

1. 变动成本

变动成本是指在一定相关范围内，其总额随业务量成正比例变动的成本。但就单位变动成本而言是固定的，如直接材料、直接人工中的计件工资、外部加工费等。

2. 固定成本

固定成本是指在一定条件下，成本总额不受业务量变动影响，一定期间的总额能保持相当稳定的成本。例如，固定资产直线法计提的折旧、取暖费、财产保险费、职工培训费、广告费等。但就单位固定成本而言，则是随着业务量的增减变化而反方向变动。

必须指出，变动成本和固定成本与业务量的关系是有一定范围的，即相关范围，超过一定范围，变动成本和固定成本同业务量的关系可能发生改变。

3. 混合成本

混合成本是指其发生总额虽然受业务量变化的影响，但其变动幅度并不同于业务量的变动保持严格的比例关系。混合成本是介于固定成本和变动成本之间、既随业务量变动又不成正比例的那部分成本。对于混合成本，为了便于管理上的应用，应采用适当的方法进行分解，将其分解为变动成本和固定成本两部分。所有，按照成本的性态，从根本上说，成本只有变动成本和固定成本两大类。

2.2　产品成本核算的要求

为充分发挥成本核算的作用，在成本核算工作中，应该贯彻以下各项要求。

2.2.1　正确划分各种费用界限

费用界限的划分

为了正确核算产品成本和期间费用，必须正确划分以下几个方面的费用界限。

1. 正确划分产品成本与期间费用界限

产品成本要在产品完工并销售以后才计入企业的损益，而当月投入生产的产品不一定当月完工、销售，当月完工、销售的产品不一定是当月投入生产的或当月开始提供的，因而本月发生的费用往往不是计入当月损益、从当月利润中扣除的主营业务成本。但是，企业发生的期间费用不计入产品成本，而直接计入当月损益、从当月利润中扣除。因此，为了正确地计算产品成本和期间费用，正确地计算企业各个月份的损益，还应将企业生产经营管理费用正确地划分为生产成本和期间费用。

2. 正确划分各个月份的费用界限

为了按月分析和考核产品成本和期间，正确计算各月损益，还应将应计入产品的成本和期间费用，在各个月份之间进行划分。为此，本月发生的成本或期间费用都应在本月入账，不应将其延到下月入账。

3. 正确划分不同成本对象之间的界限

为了分析和考核各种产品成本预算或成本定额的执行情况，应该分别计算各种产品的成本。因此，应该计入本月产品成本还应在各种产品之间进行划分。属于某种产品单独发生，能够直接计入该种产品成本的，应该直接计入该种品的成本。属于几种产品共同发生，不能直接计入某种产品成本，则应采用适当的分配方法，分配计入这几种产品的成本。

4. 正确划分完工产品成本与在产品成本之间的界限

月末计算产品成本时，如果某种产品都已完工，这种产品发生的各成本项目之和，就是这种产品的完工产品成本。如果某种产品都未完工，这种产品发生的各成本项目之和，就是这种产品的月末在产品。如果某种产品一部分已经完工，另一部分尚未完工，该产品的各成本项目，还应采用适当的分配方法在完工产品与月末在产品之间进行分配，分别计算完工产品成本和月末在产品成本。

以上四个方面费用界限的划分，都应贯彻受益原则，即何者受益何者负担费用，何时受益何时负担费用，负担费用多少应与受程度大小成正比。上述费用界限的划分过程，也是产品成本的计算过程。

2.2.2 做好产品成本核算的各项基础工作

产品成本核算是成本会计的基础工作，也是企业成本会计中最重要的工作，为了保证企业产品生产数据的真实、可靠，必须做好以下各项基础工作：

1. 制定和修订定额，加强对成本和期间费用的定额管理

定额是编制成本计划、分析和考核成本水平的依据，也是审核和控制成本的标准。应该根据企业当前设备条件和技术水平，充分考虑职工的积极因素，制定和修订先进而又可行的原材料、燃料、动力和工时等项消耗定额，并据以审核各项耗费是否合理，是否节约，借以控制耗费，降低成本、费用。

2. 建立材料物资的计量、收发、领退和盘点制度

为了进行产品成本核算，还必须对材料物资收发、领退和结存进行计量，建立和健全材料物资的计量、收发、领退和盘点制度。材料物资的收发、领退，在产品、半成品的内部转移和产成品的入库等，均应填制相应的凭证，经过一定的审批手续，并经过计量、验收或交接，防止任意领发和转移。库存的材料、半成品和产成品，以及车间的在产品和半成品，均应按照规定进行盘点、清查，防止丢失、积压、损坏变质和被盗等。这些工作也是进行生产管理、物资管理和资金管理所必需的。

3. 建立健全原始记录

只有计量没有记录，核算就没有凭证依据。为了进行成本的核算和管理，对于生产经营过程中工时和动力的耗费，在产品和半成品的内部转移，以及产品质量的检验结果等，均应做出真实的记录。原始记录对于劳动工资、设备动力、生产技术等方面管理，以及有关的预算工作也有重要意义。企业应该制定既符合各方面管理需要，又符合成本核算要求，既科学又易行、讲求实效的原始记录制度，并且组织有关职工认真做好各种原始记录的登记、传递、审核和保管工作，以便正确、及时地为产品成本核算和其他有关方面提供所需原始资料。

4. 制定和修订厂内计划价格

为了分清企业内部各单位的经济责任，便于分析和考核内部各单位成本计划的完成情况，还应对材料、半成品和厂内各车间相互提供的劳务（如修理、运输等）制定厂内计划价格，作为内部结算和考核的依据。厂内计划价格应该尽可能接近实际并相对稳定，年度内一般不作变动。在制定了厂内计划价格的企业中，对于材料领用、半成品转移以及各车间、部门之间相互提供劳务，都应先按计划价格结算，月末再采用一定的方法计算和调整价格差异，据以计算实际的成本、费用。按计划价格进行企业内部的往来结算，还可以简化和加速成本和费用的核算基础工作。

2.2.3　适应生产特点和管理要求，采用适当的产品成本计算方法

产品成本是在生产过程中形成的，企业生产组织和工艺过程不同的产品，应该采用不同的成本计算方法。计算产品成本是为了加强成本管理，管理的要求不同，也影响着成本计算方法。因此，为了正确计算产品成本，企业应根据其生产特点和管理要求，采用适当的成本计算方法。这一问题后面再来详细讲述。

2.3　产品成本核算的账户设置与一般程序

产品成本核算的账户设置

2.3.1　制造业产品成本核算的账户设置

为了按照用途归集各项成本，划清有关成本的界限，正确计算产

品成本，应设立“生产成本”和“制造费用”总账及其明细账户，进行产品成本的总分类和明细分类核算。

1. “生产成本”总账及其明细账的设立

“生产成本”账户核算企业进行生产活动所发生的各项产品成本，包括生产各种产成品、自制半成品、提供服务、自制材料、自制设备等所发生的各项成本。

为了分别核算基本生产成本和辅助生产成本，还应在该总账账户下，分别设立“基本生产成本”和“辅助生产成本”两个二级账户。

“基本生产成本”二级账户核算企业为完成主要生产目的而进行的产品生产所发生的成本。“辅助生产成本”二级账户核算企业为辅助生产部门进行的产品生产和劳务供应而发生的直接成本。在这两个二级账户下，还应按照成本计算对象开设明细账，账内按照成本项目设专栏进行明细核算。

企业发生的直接材料和直接人工费用，直接记入“生产成本”账户及“基本生产成本”和“辅助生产成本”两个二级账户及其所属明细账的借方；发生的其他间接成本先在“制造费用”账户中归集，月末分配记入“生产成本”账户及“基本生产成本”和“辅助生产成本”两个二级账户及其所属明细账的借方；属于企业辅助生产车间为基本生产车间生产产品提供的动力、机修等直接成本，先在“生产成本”账户和“辅助生产成本”账户中核算后，再分配转入“生产成本”账户所属的二级账户“基本生产成本”及其所属明细账的借方；企业已经生产完成并且已经验收入库的产成品及其自制半成品的实际成本，记入“生产成本”账户及“基本生产成本”及其所属明细账的贷方；辅助生产车间为基本生产车间、企业管理部门和其他部门提供的劳务和产品，月末按照一定的分配标准分配给各个受益对象，按照实际成本记入“生产成本”账户及“辅助生产成本”二级账户及其所属明细账的贷方。“生产成本”账户借方余额反映尚未完成的各项在产品的成本。

“生产成本”账户应按产品品种、批次、步骤等成本计算的对象分设产品成本明细账，该账也称产品成本计算单。账中应按成本项目分设专栏或专行，登记各该产品、各该成本项目的月初在产品成本、本月发生的成本、本月完工产品成本和月末在产品成本。其格式举例如表 2－1 所示。

表 2－1　　产品成本计算单　　产量：100 件

产品名称：A 产品　　20××年×月　　单位：元

摘要	直接材料	直接人工	制造费用	合计
月初在产品成本	900	460	310	1 670
本月生产费用	13 200	8 800	5 280	27 280
合计	14 100	9 260	5 590	28 950
产成品总成本	13 200	8 800	5 280	27 280
产成品单位成本	132	88	52. 8	272. 8
月末在产品成本	900	460	310	1 670

在实际工作中，产品成本明细账还有一种按成本项目分设专行的格式，如表 2－2 所示。

表 2－2　　产品成本计算单　　产量：100 件

产品名称：B 产品　　20××年×月　　单位：元

成本项目	月初在产品费用	本月发生费用	生产费用合计	完工产品成本		月末在产品成本
				总成本	单位成本	
直接材料	6 080	15 435	21 515	15 435	154. 35	6 080
直接人工	1 245	2 800	4 045	2 800	28	1 245
制造费用	2 715	5 925	8 640	5 925	59. 25	2 715
合计	10 040	24 160	34 200	24 160	241. 6	10 040

采用上列基本生产成本明细账格式，月末需要将在产品成本转入下月账页，因而，这种格式一般只宜在生产周期较短、月末很少有在产品的情况下采用。

2. “制造费用”总账账户及其明细账的设立

“制造费用”账户核算企业为了生产产品和提供劳务而发生的各项间接费用。该科目应按不同的车间、部门设置明细账，账内按制造费用的内容设专栏，进行明细核算。发生的各项间接费用记入本账户及所属明细账的借方；月末将制造费用分配到有关的成本计算对象时，记入本账户及所属明细账的贷方。本账户月末一般无余额。

2. 3. 2　产品成本核算的一般程序

产品成本核算的一般程序是指将生产过程中发生的各项费用，对其原始凭证进行审核，按照成本计算对象进行归集和分配，计算出期末完工产品成本和在产品成本的过程。具体程序如下：

（1）对企业的各项要素费用进行审核，确定费用应不应该开支，应开支的费用，应不应该计入生产经营成本；应该计入的，应计入生产成本还是期间费用，即将生产经营成本分配、归集为产品成本和期间费用。

（2）将计入本月成本的产品成本在各种产品之间进行分配和归集，并按成本项目分别反映，计算出按成本项目反映的各种产品的成本。

（3）对于既有完工产品又有在产品的产品，将月初在产品生产费用与本月生产费用之和，在本月完工产品与月末在产品之间进行分配和归集，计算出该种完工产品和月末在产品的成本。

（4）将完工产品成本结转至“库存商品”账户。

（5）结转期间费用至本期损益。

产品成本核算的一般程序见表 2－3。

表 2－3　　成本核算一般程序

<table>
<tr><td colspan="5">生产经营成本</td><td rowspan="2">非生产经营成本</td></tr>
<tr><td colspan="4">本月生产费用</td><td>本月经营管理费用</td></tr>
<tr><td>甲种产品生产费用（按成本项目反映）</td><td>乙种产品生产费用（按成本项目反映）</td><td colspan="2">丙种产品生产费用（按成本项目反映）</td><td>直接计入当月损益</td><td rowspan="2">计入固定资产价值或由特定资金来源开支</td></tr>
<tr><td>完工产品成本（全部完工）</td><td>在产品成本（全部未完）</td><td>完工产品成本</td><td>在产品成本</td><td></td></tr>
</table>

知识拓展：世界主要经济体的成本核算标准

本章小结

1. 成本的分类：成本按其经济用途分为直接材料、直接人工、燃料及动力、制造费用等；成本按其计入成本对象的方式分为直接成本和间接成本；成本按其与业务量的关系分为固定成本、变动成本和混合成本。

2. 产品成本核算的要求：正确划分各种费用界限；做好成本核算的基础工作。

3. 制造业产品成本核算的账户设置：为了进行产品成本的总分类核算，应设立“生产成本”和“制造费用”总账账户。为了分别核算基本生产成本和辅助生产成本，还应在该“生产成本”总账账户下，分别设立“基本生产成本”和“辅助生产成本”两个二级账户。

4. 产品成本核算的一般程序：区分生产成本与期间费用；将计入本月成本的产品成本在各种产品之间进行分配和归集，在本月完工产品与月末在产品之间进行分配和归集；将完工产品成本结转至“产成品”账户；结转期间费用至本期损益。

本章关键术语

直接材料、直接人工、直接计入成本、间接计入成本、直接生产成本、间接生产成本。

本章综合复习题

一、思考题

1. 产品成本的分类有几种？

2. 进行产品成本核算必须划分哪些费用的界限？为什么要划清这些费用的界限？

3. 企业应建立和健全哪些成本核算的基础工作？

4. 什么是产品成本项目？制造业产品成本有哪些成本项目？

5. 简述产品成本核算的一般程序。

二、选择题

1. 产品成本按其经济用途分类，一般可以分为以下项目（　　）。

A. 直接材料　　B. 直接人工
C. 制造费用　　D. 其他支出

2. 下列各项中属于产品成本项目的是（　　）。

A. 直接材料　　B. 外购材料
C. 外购动力　　D. 折旧费用

3. 属于成本会计基础工作的有（　　）。

A. 建立、健全定额管理制度
B. 制定内部结算价格和结算制度
C. 建立和健全原始记录
D. 加强计量管理制度

4. 产品成本核算的基本要求为（　　）。

A. 做好各项基础工作　　B. 正确划分各种费用的界限
C. 采用适当的成本计算方法　　D. 管算结合，算为管用

5. 下列各项中，可以计入产品成本的是（　　）。

A. 购置和建造固定资产的支出
B. 购置和建造无形资产的支出

C. 生产过程中发生的废品损失和停工损失

D. 企业行政管理部门发生的各项费用

三、业务题

某小型制造业企业，由于考虑成本效益原则，在成本核算工作中存在一些不足。比如材料消耗是根据实际领料数量进行核算，没有考核标准，因此，导致各月之间产品成本波动较大。另外该企业领用材料计量不够准确，对于不能点数的材料采用目测的方法估算。鉴于存在上述问题，企业经理决定进行整改。

要求：如果请您为企业经理出谋划策，请问您有哪些建议？

第 3 章
产品成本的归集与分配

学习目标

◇ 掌握材料费用、职工薪酬和外购动力的归集与分配；
◇ 掌握辅助生产费用的归集与分配；
◇ 掌握制造费用的归集与分配；
◇ 掌握生产性损失的归集与分配。

3.1 直接生产费用的归集与分配

直接生产费用是指直接用于产品生产的费用。

产品成本中的直接生产费用主要包括材料费用、职工薪酬、外购动力和其他直接支出等项目。

本节只介绍前三项。

3.1.1 材料费用的归集与分配

不论外购材料还是自制材料，其材料费用的核算方法一样。进行材料费用的核算，应首先归集、计算本期发出材料的成本，即进行材料发出的核算；然后根据发出材料的具体用途在各受益部门、产品之间分配材料费用，将其计入有关产品成本和期间费用。

材料费用的归集

1. 材料费用的归集

材料费用的归集就是按材料品种和规格计算确定本期耗用的材料总成本、进行材料发出的核算。正确计量各种材料的发出数量及发出材料的单位成本是保证材料费用归集顺利进行的基础。

本期各种材料的发出数量应根据各部门的领料单、领料登记表等发料凭证和退料单等退料凭证进行汇总计算。会计部门应该对发料凭证所列材料的种类、数量和用途等进行审核，检查所领材料的种类、用途是否符合规定，只有经过审核、签章的发料凭证才能据以发料，并据以计算本期发出材料的成本，归集材料费用。

在材料日常收发核算按实际成本计价时，发出材料的成本与收入材料成本一样，都应按材料的实际成本计价，其实际成本即为材料的采购成本或自制完工入库材料的生产成本。如果同一种材料因为采购地点、采购数量、生产批次不同等原因造成的实际单位成本不一致，此时，发出材料的实际单位成本可按先进先出法、一次加权平均法、移动加权平均法、个别计价法等方法加以确定，然后根据各种材料的发出数量计算本期发出材料的总成本。

在材料日常收发按计划成本计价时，材料的收入、发出及结存都按材料的计划单位成本计价，在此方法下，除应设置“原材料”账户按计划成本反映库存材料的增减变动及结存情况外，还应设置“材料采购”和“材料成本差异”账户，用以反映材料采购的实际成本、计划成本、实际成本与计划成本的差异，以及库存材料、发出材料应承担的成本差异。

按计划成本反映的“原材料”账户的借方余额，加上“材料成本差异”账户的借方余额或减去其贷方余额，即为库存材料的实际成本。

材料费用的分配

2. 材料费用的分配

企业生产过程中耗用的所有材料，不论是自制材料，还是外购材料，都应根据审核无误的领、退料凭证，按材料的具体用途进行分配：产品生产直接耗用的材料，计入产品生产成本；辅助生产车间耗用的材料，计入辅助生产成本；生产车间一般消耗的材料，计入制造费用；管理部门消耗的材料，计入管理费用；专设销售机构消耗的材料，计入销售费用。

其中，企业产品生产直接耗用的材料，应在生产成本明细账中设“直接材料”项目进行归集：凡是一种产品单独耗用的材料，则直接计入该产品的成本明细账；凡是几种产品共同耗用的材料，则应选择既合理又简便的方法在有关受益产品之间进行分配。常用的分配方法有以下几种：

（1）按材料消耗定额标准分配。材料消耗定额管理基础较好的企业，可采用此类标准分配材料费用。计算公式如下：

$$\text{某种产品材料定额消耗量}=\text{该种产品实际产量}\times\text{单位产品该材料消耗定额}$$

$$\text{材料消耗量分配率}=\frac{\text{该材料实际消耗总量}}{\text{各种产品该材料定额耗量之和}}$$

$$\text{某产品应分配的材料数量}=\text{该产品材料定额消耗量}\times\text{材料消耗量分配率}$$

$$\text{某产品应分配的该材料费用}=\text{该产品分配的材料数量}\times\text{该材料单价}$$

【例3-1】 本月A、B两种产品领用甲材料4 950公斤，材料单价15元/公斤。本月投产A产品170件，B产品210件；材料消耗定额分别为：A产品20公斤/件，B产品10公斤/件。按材料消耗量比例法分配材料费用计算如下：

A产品材料定额耗用量 =170 ×20 =3 400（公斤）

B产品材料定额耗用量 =210 ×10 =2 100（公斤）

$$\text{材料消耗量分配率}=\frac{4\ 950}{3\ 400+2\ 100}=0.9$$

A产品分配的材料数量 =3 400 ×0.9 =3 060（公斤）

B产品分配的材料数量 =2 100 ×0.9 =1 890（公斤）

A产品分配的材料费用 =3 060 ×15 =49 500（元）

B产品分配的材料费用 =1 890 ×15 =28 350（元）

按此方法分配材料费用，可以同时考核产品各种材料消耗定额的执行情况，有利于进行材料消耗的数量管理，但这种方法只适用于各种产品共同耗用材料种类较少的情况。否则，按材料种类分别进行材料费用的分配，分配工作量过大。

（2）按材料定额费用比例分配。计算公式如下：

$$\text{材料费用分配率}=\frac{\text{各种材料实际费用总额}}{\text{各种产品材料定额费用之和}}$$

$$\text{某产品分配的材料费用}=\text{该种产品所耗各种材料定额费用合计}\times\text{材料费用分配率}$$

【例3-2】 某车间生产甲、乙两种产品，共同耗用A、B两种材料总额38 280元，耗用量无法按产品划分。本月有关资料如表3-1所示。

表 3－1　　　　材料定额资料表

20××年×月

产品名称	实际产量（件）	材料名称	单位产品材料消耗定额（公斤）	材料计划价格（元）
甲	500	A	10	3
		B	5	2
乙	400	A	7	3
		B	8	2

根据上列资料，按材料定额费用比例法分配材料费用计算如下：

甲产品材料定额费用＝500×（10×3＋5×2）＝20 000（元）

乙产品材料定额费用＝400×（7×3＋8×2）＝14 800（元）

$$材料费用分配率=\frac{38\ 280}{20\ 000+14\ 800}=1.1$$

甲产品应分配的材料费用＝20 000×1.1＝22 000（元）

乙产品应分配的材料费用＝14 800×1.1＝16 280（元）

在各种产品共同耗用原材料的种类较多的情况下，采用此法分配材料费用可简化分配计算工作，但不能同时考核材料消耗定额的执行情况。（注：消耗定额，是指单位产品可以消耗的数量限额；定额消耗量，是指一定产量下按照消耗定额计算的可以消耗的数量；费用定额和定额费用，是指消耗定额和定额消耗量的货币表现。）

（3）按生产成果标准分配。生产成果分配标准主要包括产品重量标准、产量标准等。当材料耗用量与产品重量、体积、产量有明显的正比例关系时，其共同费用的分配可采用该类标准。

企业同时生产不同品种或不同规格的产品，共同耗用一种或几种材料，可以从中选择某一产品作为标准产品，并将其他产品产量按一定标准换算为标准产量，以标准产量总额作为分配共同材料费用的标准。

【例 3－3】 某车间耗用材料 88 740 元，用于生产 A、B、C 三种规格的产品。材料耗用与产品重量成正比例关系，以 B 产品为标准产品，按产品重量为标准折算标准产量。则按标准产量比例法计算的分配结果如表 3－2 所示。

表3－2　　　　　　　　　　材料费用分配表

20××年×月

产品名称	实际产量（件）①	产品重量（公斤/件）	折算系数②	标准产量（件）③=①×②	分配率④	分配额（元）⑤=③×④
A	2 500	20	20/25 = 0.8	2 000		36 000
B	1 600	25	25/25 = 1	1 600		28 800
C	950	35	35/25 = 1.4	1 330		23 940
合计				4 930	18	88 740

其中，材料费用分配率 $=\frac{88\ 740}{4\ 930}=18$（元/标准产量）

（4）按所耗主要材料标准分配。如果共同材料消耗量与主要材料的消耗量密切相关，则共同耗用的材料费用可按各产品消耗的主要材料数量或费用进行分配。

【例3－4】 某厂生产甲、乙两种产品，甲产品单独耗用材料42 000元，乙产品单独耗用材料21 000元，两产品共同耗用辅助材料12 600元。按单独消耗的材料费用分配辅助材料费用如下：

辅助材料费用分配率 $=\frac{12\ 600}{42\ 000+21\ 000}=0.2$

甲产品分配辅助材料费用 $=42\ 000\times0.2=8\ 400$（元）

乙产品分配辅助材料费用 $=21\ 000\times0.2=4\ 200$（元）

3. 材料费用分配表的编制

在实际工作中，材料费用在受益部门和产品之间的分配是通过编制“材料费用分配表”进行的，材料费用分配表应该按照领用材料的具体用途，根据归类后的领、退料凭证编制。现以某单位为例，编制的材料费用分配表如表3－3所示。

表3－3　　　　　　　　　　材料费用分配表

20××年×月　　　　　　　　　　单位：元

应借科目		成本费用项目	直接计入费用	分配计入费用		费用合计
总账科目	明细科目			定额耗量	金额（分配率0.5）	
生产成本	——甲产品	直接材料	85 000	42 500	21 250	106 250
	——乙产品	直接材料	43 000	21 500	10 750	53 750
	小计		128 000	64 000	32 000	160 000
制造费用	基本生产车间	材料费	2 310			2 310
生产成本	——机修车间	材料费	1 130			1 130
	——运输车间	材料费	1 420			1 420
	小计		2 550			2 550

续表

应借科目		成本费用项目	直接计入费用	分配计入费用		费用合计
总账科目	明细科目			定额耗量	金额（分配率0.5）	
销售费用		包装费	404			404
管理费用		修理费	714			714
合计			133 978		32 000	165 978

根据材料费用分配表，编制会计分录、登记有关成本费用账户。会计分录如下：

借：生产成本——基本生产成本——甲产品　106 250
　　　　　　　　　　　　　——乙产品　53 750
　　制造费用　2 310
　　生产成本——辅助生产成本——机修车间　1 130
　　　　　　　　　　　　　——运输车间　1 420
　　销售费用　404
　　管理费用　714
　　贷：原材料　165 978

3.1.2 职工薪酬的归集与分配

1. 职工薪酬的内容

职工薪酬是指企业为获得职工提供的服务或解除劳动关系而给予的各种形式的报酬或补偿。职工薪酬包括短期薪酬、离职后福利、辞退福利和其他长期职工福利。企业提供给职工配偶、子女、受赡养人、已故员工遗属及其他受益人等的福利，也属于职工薪酬。

（1）短期薪酬，是指企业在职工提供相关服务的年度报告期间结束后12个月内需要全部予以支付的职工薪酬，因解除与职工的劳动关系给予的补偿除外。短期薪酬具体包括：职工工资、奖金、津贴和补贴，职工福利费，医疗保险费、工伤保险费和生育保险费等社会保险费，住房公积金，工会经费和职工教育经费，短期带薪缺勤，短期利润分享计划，非货币性福利以及其他短期薪酬。

（2）离职后福利，是指企业为获得职工提供的服务而在职工退休或与企业解除劳动关系后，提供的各种形式的报酬和福利，短期薪酬和辞退福利除外。

（3）辞退福利，是指企业在职工劳动合同到期之前解除与职工的劳动关系，或者为鼓励职工自愿接受裁减而给予职工的补偿。

(4) 其他长期职工福利，是指除短期薪酬、离职后福利、辞退福利之外所有的职工薪酬，包括长期带薪缺勤、长期残疾福利、长期利润分享计划等。

2. 职工薪酬的归集

职工薪酬的归集是按照用途和发生地分别进行的，按照车间、部门根据考勤记录、工资标准和其他相关凭证，分别编制工资结算单（单内按照职工类别、姓名列示每一职工的各种工资），用以汇总归集各车间、部门发生的工资费用。工资结算单既是企业与职工进行工资结算的凭证，也是职工薪酬分配的基础。

3. 职工薪酬的分配

职工薪酬的分配，应按用途在各受益对象之间分配：直接进行产品生产的生产工人的工资，记入“生产成本”总账及所属生产明细账的“直接人工”项目；辅助生产工人的工资记入生产成本总账及明细账的“直接人工”项目；车间等管理人员的工资应记入“制造费用”总账及所属明细账的“工资费用”项目；企业各职能部门管理人员的工资、专设销售机构人员的工资、在建工程人员的工资则应分别记入“管理费用”“销售费用”“在建工程”总账及其所属明细账的“工资费用”项目。

其中，直接进行产品生产的生产工人工资分为计件工资和计时工资两种情况：如采用计件工资，则属直接费用，应根据工资结算单直接计入受益产品成本。如采用计时工资，则应区别两种情况：为某一种产品生产单独发生的工资，直接计入该种产品成本；同时为几种产品生产共同发生的工资，则应以车间为单位，采用适当的分配标准在各受益产品之间进行分配。分配标准一般为产品的实际工时或定额工时。

有关计算公式如下：

$$\text{工资费用分配率}=\frac{\text{共同生产工人工资总额}}{\text{各种产品实际（或定额）工时之和}}$$

$$\begin{matrix}\text{某种产品应分}\\\text{配的工资费用}\end{matrix}=\begin{matrix}\text{该产品实际}\\\text{（或定额）工时}\end{matrix}\times\begin{matrix}\text{工资费用}\\\text{分配率}\end{matrix}$$

【例3-5】 某车间生产甲、乙、丙三种产品，本月份甲产品耗用的定额工时为24 000小时，乙产品耗用定额工时32 000小时，丙产品耗用定额工时18 000小时；本月发生生产工人工资总额592 000元。按定额工时分配工资费用计算如下：

$$\text{工资费用分配率}=\frac{592\ 000}{24\ 000+32\ 000+18\ 000}=8\ \text{（元/工时）}$$

甲产品分配工资费用 = 24 000 × 8 = 192 000（元）
乙产品分配工资费用 = 32 000 × 8 = 256 000（元）
丙产品分配工资费用 = 18 000 × 8 = 144 000（元）
合　　计　　592 000 元

职工薪酬的分配，应根据工资结算单和有关的生产工时等记录通过编制“职工薪酬分配表”进行。某企业的职工薪酬分配表见表 3 – 4。

表 3 – 4　　**职工薪酬分配表**

20××年×月　　金额单位：元

应借科目		直接计入	分配计入费用		金额合计
总账科目	明细科目		生产工时	分配金额（分配率 0.2）	
生产成本	基本生产成本——甲产品	11 000	8 400	1 680	12 680
	基本生产成本——乙产品	9 500	6 300	1 260	10 760
	小计	20 500	14 700	2 940	23 440
制造费用	某车间	3 640			3 640
生产成本	辅助生产成本——机修车间	2 540			2 540
	辅助生产成本——运输车间	3 270			3 270
管理费用		5 200			5 200
销售费用		1 485			1 485
在建工程		2 320			2 320
合计		38 955		2 940	41 895

根据职工薪酬分配表，编制分配职工薪酬的会计分录如下：

借：生产成本——基本生产成本——甲产品　　12 680
　　　　　　　　　　　　　——乙产品　　10 760
　　制造费用　　3 640
　　生产成本——辅助生产成本——机修车间　　2 540
　　　　　　　　　　　　　——运输车间　　3 270
　　管理费用　　5 200
　　销售费用　　1 485
　　在建工程　　2 320
　　贷：应付职工薪酬　　41 895

3.1.3　外购动力费用的归集及分配

外购动力费用是指企业为从事生产经营活动从外部购买各种动力而付出的费用，如电力费、热力费、煤气费等。

外购动力费用的归集，就是确定本期外购动力费用的发生额。实际工作中，一般以计量仪器仪表所显示的用量乘以供应单价来计算，应支付给供应单位的款项，即为本期耗费的外购动力费用发生额。

外购动力费用的分配，应按用途进行。实际工作中，各车间、部门的动力使用情况一般都分别装有计量仪器，因此，应根据各部门、各产品计量仪器所显示的耗用的动力数量和单价按用途分配：凡是直接用于产品生产的动力费用，应该单独计入相关产品生产成本的“燃料及动力”项目（如企业未专设“燃料及动力”成本项目，则用于基本生产的动力费用计入制造费用）；用于辅助生产的外购动力费用，计入各辅助生产成本明细账的“动力费”项目；基本生产车间一般耗用的外购动力费用，应记入制造费用明细账的“水电费”项目，企业管理部门以及专设销售机构一般耗用的外购动力费用，应记入“管理费用”“销售费用”等明细账的相应费用项目。

对于没有按产品分别安装计量仪器的外购动力费用，一般应按产品的生产工时比例、机器工时比例、定额耗用量等分配标准在各产品之间进行分配后，再记入有关产品生产成本明细账。

【例3-6】某基本生产车间生产甲、乙两种产品，本月直接耗用外购动力费用6 750元，没有分产品安装仪表。假设本车间按机器工时分配外购动力费用，本月各产品耗用机器工时分别为：A产品6 000小时，B产品7 500小时，则外购动力费用分配计算如下：

$$外购动力费用分配率=\frac{6\ 750}{6\ 000+7\ 500}=0.5\ （元/小时）$$

A产品负担的外购动力费用 $=6\ 000\times0.5=3\ 000$（元）

B产品负担的外购动力费用 $=7\ 500\times0.5=3\ 750$（元）

月末，会计人员应根据本期动力费用发生额及有关仪表记录、工时记录等编制“外购动力费用分配表”，并据以编制会计分录、登记成本、费用明细账及总账。下面是某企业的动力费用分配表，格式见表3-5。

表 3－5　　　　　　　　外购动力费用分配表

20××年×月

应借科目		成本费用项目	耗电量（度）	直接计入（0.8元/度）	分配计入费用		金额合计（元）
总账科目	明细科目				生产工时	金额（0.5元/工时）	
生产成本	基本生产成本——甲	燃料及动力			9 576	4 788	4 788
	基本生产成本——乙	燃料及动力			7 224	3 612	3 612
	小计		10 500	8 400	16 800	8 400	8 400
制造费用		水电费	875	700			700
生产成本	辅助生产成本——机修	动力费	1 675	1 340			1 340
	辅助生产成本——运输	动力费	1 125	900			900
管理费用		水电费	950	760			760
合计			15 125	12 100			12 100

根据外购动力费用分配表编制会计分录如下：

借：生产成本——基本生产成本——甲产品　　4 788
　　　　　　　　　　　　　　——乙产品　　3 612
　　制造费用　　　　　　　　　　　　　　　700
　　生产成本——辅助生产成本——机修车间　1 340
　　　　　　　　　　　　　　——运输车间　　900
　　管理费用　　　　　　　　　　　　　　　760
　　贷：应付账款（或银行存款）　　　　　　　12 100

3.2　辅助生产费用的归集与分配

3.2.1　辅助生产费用的归集

辅助生产费用是辅助生产车间为提供劳务或生产产品而发生的各项费用。

为了总括归集反映辅助生产车间的各项生产费用，需要设置

“生产成本——辅助生产成本”账户。该账户应按车间以及产品和劳务设立明细账户，账内按照费用项目设立专栏。进行辅助生产而发生的一切费用，包括辅助生产车间内直接发生的费用，也包括从其他辅助生产车间分配来的费用，都应当分别根据“材料费用分配表”“职工薪酬分配表”“固定资产折旧分配表”等有关凭证，记入该账户的借方；期末，将完工产品成本从该账户的贷方转出。期末借方余额，表示辅助生产的在产品成本。

在辅助生产规模很大，特别是辅助生产车间同时进行多种产品生产的情况下，为了正确计算各种辅助生产产品成本，还应在“制造费用”账户中增设按辅助生产车间设置的辅助生产制造费用明细账，专门归集、分配各辅助生产车间发生的各项制造费用。但对于生产单一产品，特别是提供单一劳务的辅助生产车间，为了简化核算工作，一般不专设“制造费用”账户，辅助生产车间生产和管理所发生的一切费用全部直接归集于本车间的生产成本明细账。

3.2.2　辅助生产费用的分配

归集在辅助生产成本明细账的辅助生产费用，月末应根据辅助生产车间生产产品和提供劳务的数量，采用一定的方法分配给各个受益对象，从“生产成本——辅助生产成本”的明细账中分别转入有关账户。

由于辅助生产车间所提供的产品种类不同，其成本转出分配的程序也不一样。

工具和模具车间生产的工具、模具和修理用备件等产品的成本，应在产品完工入库时，按其成本从“生产成本——辅助生产成本”账户的贷方分别转入“原材料”“周转材料”等账户的借方；在有关车间、部门领用时，再按其用途和使用单位，从“原材料”“周转材料”等账户的贷方，转入“制造费用”“管理费用”等账户的借方。此类辅助生产产品的成本计算方法同基本生产产品成本的计算，具体计算可采用品种法、分批法等，详见以后有关章节。

动力、机修和运输等车间生产和提供的电、汽、水、修理和运输等所发生的费用，要按用途根据各受益单位耗用的数量进行分配。分配时，借记“制造费用”或“管理费用”等账户，贷记“生产成本——辅助生产成本”总账及其明细账。（在结算辅助生产明细账之前，如辅助生产车间单独设置“制造费用”账户，还应将各辅助生产车间的制造费用分配转入各辅助生产明细账，归集辅助生产成本。）

分配辅助生产费用的方法很多，主要有：直接分配法、交互分配法和计划分配法，企业应根据自身的特点选择适当的方法进行辅助生产费用的分配。

1. 直接分配法

直接分配法，就是不考虑各辅助生产车间之间相互提供产品或劳务的情况，只将各辅助生产车间的费用直接分配给辅助生产车间以外的各受益单位。有关计算公式如下：

$$\text{辅助生产费用分配率}=\frac{\text{辅助生产费用总额}}{\text{对外提供劳务总额}}$$

$$\text{某部门应负担的费用}=\text{该部门受益数量}\times\text{辅助生产费用分配率}$$

【例 3－7】 某企业设有供电和供热两个辅助生产车间，某月份待分配费用分别为 44 500 元和 10 500 元，其受益对象及受益数量如表 3－6 所示。

表 3－6　　辅助生产劳务供应统计表

20××年×月

受益部门	劳务数量	
	供电数量（度）	供热数量（吨）
供电车间		60
供热车间	3 000	
甲产品	110 000	1 500
乙产品	65 000	1 100
基本生产车间	2 100	15
管理部门	900	10
合计	181 000	2 685

采用直接分配法计算的各辅助生产车间费用分配率如下：

$$\text{供电车间费用分配率}=\frac{44\ 500}{181\ 000-3\ 000}=0.25$$

$$\text{供热车间费用分配率}=\frac{10\ 500}{2\ 685-60}=4$$

辅助生产费用的分配结果如表 3－7 所示。

表 3 – 7　　　　**辅助生产费用分配表**

（直接分配法）

20××年×月　　　　金额单位：元

供应单位			供电车间			供热车间			费用合计
			数量	分配率	金额	数量	分配率	金额	
待分配费用				0. 25	44 500		4	10 500	55 000
应借科目	生产成本——基本生产成本	甲产品	110 000		27 500	1 500		6 000	33 500
		乙产品	65 000		16 250	1 100		4 400	20 650
		小计	175 000		43 750	2 600		10 400	54 150
	制造费用		2 100		525	15		60	585
	管理费用		900		225	10		40	265
分配金额合计					44 500			10 500	55 000

根据辅助生产费用分配表编制会计分录，登记有关成本总账及明细账。会计分录如下：

借：生产成本——基本生产成本——甲产品　　33 500
　　　　　　　　　　　　　　——乙产品　　20 650
　　制造费用　　585
　　管理费用　　265
　　贷：生产成本——辅助生产成本——供电车间　　44 500
　　　　　　　　　　　　　　　　——供水车间　　10 500

采用直接分配法，各辅助生产车间的费用只对辅助生产以外的受益对象进行分配，计算方法最简单。但由于各辅助生产车间归集的费用不全，如：上例中供电车间归集的费用中不包括所耗热力费，供热车间归集的费用中不包括所耗的电力费，因此分配的结果不够准确。此法一般只适宜在辅助生产内部相互提供产品不多、辅助生产车间之间不进行费用的交互分配对辅助生产成本和企业产品成本影响不大的情况下采用。

2. 交互分配法

交互分配法，是指辅助生产费用先在辅助生产车间之间相互分配，然后再对外分配的方法。其具体计算过程为：

（1）辅助生产车间之间相互交互分配。

$$\text{某辅助生产费用交互分配率} = \frac{\text{交互分配前费用}}{\text{该车间劳务总量}}$$

$$\text{交互分配额} = \text{交互受益量} \times \text{该费用交互分配率}$$

交互分配法

（2）辅助生产费用对外分配。

$$\text{某辅助费用对外分配率}=\frac{\text{对外分配费用}}{\text{该劳务对外供应量}}$$

$$\text{某辅助生产车间对外分配费用}=\text{交互分配前费用}+\text{交互分配转入费用}-\text{交互分配转出费用}$$

$$\text{某受益单位应负担费用}=\text{该受益单位某劳务耗用量}\times\text{该劳务费对外分配率}$$

【例 3 -8】 某企业有供电和供水两个辅助生产车间，本月待分配费用分别为：15 000 元和 40 000 元，劳务供应量相关资料如表 3 -8 所示。

表 3 -8　　劳务供应量统计表

20××年×月

受益部门	劳务数量	
	供电数量（度）	供水数量（立方米）
供电车间		1 000
供水车间	1 000	
生产车间一般耗用	10 000	14 000
管理部门	4 000	5 000
合计	15 000	20 000

根据上述资料，各辅助生产车间有关分配率计算如下：

①辅助生产费用交互分配率：

$$\text{供电车间费用交互分配率}=\frac{15\ 000}{15\ 000}=1$$

$$\text{供水车间费用交互分配率}=\frac{40\ 000}{20\ 000}=2$$

②辅助生产费用对外分配率：

$$\text{供电车间对外分配率}=\frac{15\ 000+1\ 000\times 2-1\ 000\times 1}{15\ 000-1\ 000}=1.14$$

$$\text{供水车间费用对外分配率}=\frac{40\ 000+1\ 000\times 1-1\ 000\times 2}{20\ 000-1\ 000}=2.05$$

根据劳务供应情况，按交互分配法分配该企业辅助生产费用结果如表 3 -9 所示。

表3－9　　**辅助生产费用分配表**

（交互分配法）

20××年×月　　金额单位：元

供应单位			交互分配			对外分配		
			供电	供水	合计	供电	供水	合计
待分配费用			15 000	40 000		16 000	39 000	55 000
劳务供应量			15 000	20 000		14 000	19 000	
费用分配率			1	2		1.14	2.05	
应借科目	辅助生产成本 供电车间	数量		1 000				
		金额		2 000	2 000			
	辅助生产成本 供水车间	数量	1 000					
		金额	1 000		1 000			
	分配金额小计		1 000	2 000	3 000			
	制造费用	数量				10 000	14 000	
		金额				11 400	28 700	40 100
	管理费用	数量				4 000	5 000	
		金额				4 600	10 300	14 900
分配金额合计						16 000	39 000	55 000

根据分配表，编制会计分录如下：

（1）交互分配会计分录：

借：生产成本——辅助生产成本——供电车间　　2 000

　　　　　　　　　　　　　　——供水车间　　1 000

　　贷：生产成本——辅助生产成本——供电车间　　1 000

　　　　　　　　　　　　　　　　——供水车间　　2 000

（2）对外分配会计分录：

借：制造费用　　40 100

　　管理费用　　14 900

　　贷：生产成本——辅助生产成本——供电车间　　16 000

　　　　　　　　　　　　　　　　——供水车间　　39 000

在交互分配法下，由于辅助生产内部相互提供的劳务进行了交互分配，因而提高了分配结果的正确性，但由于各种辅助生产费用都要计算两个费用分配率，进行两次分配，因此增加了分配工作量。同时，由于辅助生产车间之间的交互分配率，是按交互分配以前的待分配费用计算的，因此两个费用分配率都不是各辅助生产车间劳务的实际单位成本，分配结果会受到影响。

3. 计划成本分配法

计划成本分配法，就是按照劳务的计划单位成本和各受益单位实际耗用的劳务数量，分配辅助生产费用的方法。

计划成本分配法分配辅助生产费用的计算步骤如下：

（1）计算各受益单位（包括辅助生产车间和辅助生产车间以外的所有受益单位）应负担的辅助生产费用。

$$\text{某受益单位应负担的费用} = \text{本部门耗用的劳务数量} \times \text{该劳务的计划单位成本}$$

【例 3-9】 按〖例 3-8〗中资料，假设各项劳务的计划单位成本分别为：每度电 0.8 元，每立方米水 2.5 元。则按计划分配法，各受益单位负担的费用如表 3-10 所示。

表 3-10　　辅助生产费用分配表

（计划分配法）

20××年×月　　　　金额单位：元

供应单位			供电车间			供水车间			费用合计
			数量	分配率	金额	数量	分配率	金额	
待分配费用			15 000		15 000	20 000		40 000	55 000
计划单位成本				0.8			2.5		
应借科目	生产成本——辅助生产成本	供水车间	1 000		800				800
应借科目	生产成本——辅助生产成本	供电车间				1 000		2 500	2 500
应借科目	制造费用		10 000		8 000	14 000		35 000	43 000
应借科目	管理费用		4 000		3 200	5 000		12 500	15 700
计划总成本			15 000	0.8	12 000	20 000	2.5	50 000	62 000
实际总成本					17 500			40 800	58 300
成本差异					5 500			-9 200	-3 700

（2）计算各辅助生产车间的实际成本总额。

$$\text{实际成本} = \text{该车间分配前的待分配费用} + \text{耗用的其他辅助生产劳务数量} \times \text{该劳务的计划单价}$$

上例中，各车间实际成本计算如下：

供电车间实际成本 = 15 000 + 1 000 × 2.5 = 17 500（元）

供水车间实际成本 = 40 000 + 1 000 × 0.8 = 40 800（元）

（3）计算成本差异。

$$\text{成本差异} = \text{本车间实际成本} - \text{本车间提供的劳务总数} \times \text{本车间劳务的计划单价}$$

供电车间成本差异 = 17 500 - 15 000 × 0.8 = 5 500（元）

供水车间成本差异 = 40 800 - 20 000 × 2.5 = -9 200（元）

(4) 结转成本差异。

实际工作中，为了简化辅助生产费用的分配工作，辅助生产车间的成本差异，一般不再在各受益单位之间进行分配，而是全部转入当期的管理费用。

根据表3-10，编制有关会计分录如下：

(1) 分配辅助生产费用的会计分录：

借：生产成本——辅助生产成本——供电车间　　2 500
　　　　　　　　　　　　　　——供水车间　　800
　　制造费用　　43 000
　　管理费用　　15 700
　　贷：生产成本——辅助生产成本——供电车间　　12 000
　　　　　　　　　　　　　　　　——供水车间　　50 000

(2) 结转成本差异的会计分录：

借：管理费用　　-3 700
　　贷：生产成本——辅助生产成本——供电车间　　-9 200
　　　　　　　　　　　　　　　　——供水车间　　5 500

采用计划成本分配法，不但可以简化费用分配工作，而且通过辅助生产成本差异的计算，还能反映和考核辅助生产成本计划的完成情况。由于辅助生产的成本差异全部转入管理费用，有关受益部门所负担的劳务费用都不包括辅助生产差异，因此便于分清企业内部各单位的经济责任。但是，采用这种分配方法，要求企业辅助生产劳务的计划单位成本制定的必须准确，否则，会影响成本计算的正确性。

3.3 制造费用的归集与分配

制造费用是指企业为生产产品和提供劳务而发生的各项间接费用，是产品成本的重要组成部分。制造费用的具体内容多而复杂，实务中，为简化核算工作，一般将性质相同的费用进行归类合并，设立如下费用项目进行归集：

(1) 职工薪酬：指生产车间除基本生产工人以外的其他所有人员的工资、福利、保险费用、住房公积金等。

(2) 无形资产摊销：指车间使用的无形资产而摊销的费用。

(3) 办公费：指生产车间发生的各种办公费用。如：文具费、通信费、会议费等。

（4）折旧费：包括车间生产、管理用所有固定资产的折旧费。

（5）水电费：指车间一般消耗水、电等支付的费用。

（6）机物料消耗：指车间为使机器设备保持正常运行而消耗的各种物料费用。

（7）劳动保护费：指车间为保护工人劳动安全而发生的应计入当月生产费用的不构成固定资产的安全装置、卫生设备、工作服、工作鞋帽等费用。

（8）停工损失：指因季节性原因停工和机器设备修理期间停工而发生的应由本期产品成本负担的各项费用。

（9）租赁费：指车间从外部经营性租入各种固定资产而发生的应由本期产品成本负担的租金。

（10）保险费：指因车间财产投保而支付的应由本期产品成本负担的保险费。

（11）低值易耗品摊销：指车间生产、管理用低值易耗品的摊销费用。

（12）其他：指不能列入以上各费用项目的各种制造费用。

在实际工作中，企业可根据制造费用的实际发生情况和管理要求，对上述费用项目进行合并、增设，但一经确定，不应随意变动。

3.3.1 制造费用的归集

制造费用应根据费用的发生地点以车间、部门为单位进行归集。为总括反映各车间、部门制造费用的发生及分配情况，需设置“制造费用”账户进行核算。该账户应按车间、部门设立明细账，账内按照费用项目设置专栏；费用发生时，记入本账户的借方；月末，按一定的方法在有关受益产品之间进行分配后，从本账户的贷方转入有关产品成本账户的借方；本账户除按照计划分配率分配制造费用的企业外，期末一般无余额。

对于生产单一产品或提供单一劳务的辅助生产车间，如果其制造费用金额较小，或不需要按照规定的成本项目计算产品成本，为了简化核算工作，可不设“制造费用”账户，而将本车间发生的制造费用直接记入辅助生产成本明细账及总账。

制造费用明细账的格式见表 3－11。

表3－11 **制造费用明细账**

车间名称：第一车间 20××年5月 单位：元

月	日	摘要	职工薪酬	保险费	折旧费	修理费	办公费	水电费	机物料消耗	其他费用	合计	本月转出	余额
5	31	分配料费							2 310		2 310		
	31	分配水电						700			700		
	31	分配职工薪酬	3 640								3 640		
	31	分配折旧			2 940						2 940		
	31	摊销保险		1 400							1 400		
	31	货币支出					430			900	1 330		
	31	分配辅助生产费用				5 650					5 650		
	31	分配转出										17 970	0
	31	本月合计	3 640	1 400	2 940	5 650	430	700	2 310	900	17 970	17 970	0

3.3.2 制造费用的分配

知识拓展：多重预计制造费用分配率的应用

制造费用的分配应按照谁受益、谁负担原则进行分配，各车间归集的制造费用应在本车间的各种产品和劳务之间进行分配。如车间只生产一种产品，则制造费用全部由该产品负担；如车间同时生产多种产品，则需采用适当的方法在各有关产品之间进行分配。

制造费用的分配方法很多，但总的可分为按实际分配率法分配和按计划分配率法分配两大类。

1. 实际分配率法

实际分配率法是根据当期实际发生的制造费用和确定的分配标准总量计算制造费用分配率，并据以分配制造费用的方法。其基本计算公式如下：

$$\text{制造费用分配率}=\frac{\text{制造费用总额}}{\text{各种产品分配标准总量}}$$

$$\begin{array}{c}\text{某产品应负担的}\\\text{制造费用}\end{array}=\begin{array}{c}\text{制造费用}\\\text{分配率}\end{array}\times\begin{array}{c}\text{该产品的分配}\\\text{标准数量}\end{array}$$

公式中的分配标准通常有：生产工人工时、生产工人工资、机器工时、标准产量等多种，企业应根据各车间的具体情况选择相应的分配标准。根据分配标准的不同，实际分配率法又分为如下几种具体方法：

（1）生产工人工时比例法。生产工人工时比例法是以本车间各种产品所耗的生产工人工时（实际工时或定额工时）为标准分配制造费用的方法。

【例3－10】 某基本生产车间同时生产甲、乙两种产品，本月耗用的生产工人工时为：甲产品800小时，乙产品1 200小时，实际发生制造费用12 000元。则费用分配计算如下：

$$制造费用分配率=\frac{12\ 000}{800+1\ 200}=6（元/小时）$$

甲产品负担的制造费用＝800×6＝4 800（元）

乙产品负担的制造费用＝1 200×6＝7 200（元）

按生产工人工时比例法分配制造费用，能将工人的劳动生产率与产品负担的制造费用密切联系在一起，便于提高职工的劳动效率。但是，如果车间生产的各种产品机械化程度差异较大，采用生产工人工时作为分配标准，会使机械化程度较低的产品负担过多的费用，从而使分配结果与实际情况产生差异，因为制造费用中包含着大量与机械使用有关的费用，如机械设备的折旧费、保险费和经营租赁费等，机械化程度越高的产品，越要负担较高的费用。所以，此法适用于各受益产品机械化程度大致相同的车间和分厂。

（2）生产工人工资比例法。生产工人工资比例法是以本车间各种产品耗用的生产工人工资额为标准分配制造费用的方法。

此法的优点是各产品所耗人工工资额资料容易取得，可直接从工资费用分配表中查找。但基于与生产工人工时比例法相同的原因，此法适用于各受益产品机械化程度大致相同的情况。同时，如果生产工人工资是按照生产工时比例分配计入各种产品成本，那么，按照生产工人工资比例分配制造费用，实际上也就是按照生产工时比例分配制造费用，两者分配结果相同。

（3）机器工时比例法。机器工时比例法是以本车间各种产品所耗用的机器设备的运行时间为标准分配制造费用的方法。

此种分配方法，将制造费用的分配与机器设备的使用情况联系在一起，如果制造费用中与机器设备有关的费用比重较大，且受益产品的机械化程度不同，则分配结果较为合理。因此，此法适用于机械化程度较高的情况。

（4）产品标准产量比例法。产品标准产量比例法是以本车间生产的各种产品按一定折算系数换算成的标准总产量为标准分配制造费用的方法。

【例3－11】 某基本生产车间本月实际发生制造费用25 300元，

生产的A、B、C三种产品加工工艺基本相同，按标准产量比例法分配制造费用。取B产品为标准产品，按产品工时定额折算的标准产品及制造费用的分配结果见表3－12。

表3－12　　　　　　制造费用分配表

20××年×月　　　　　　金额单位：元

产品名称	实际产量①	工时定额②	折算系数③	标准产量 ④=①×③	分配率⑤	分配金额 ⑥=④×⑤
A	800	10	10÷8=1.25	1 000	10	10 000
B	760	8	8÷8=1	760	10	7 600
C	880	7	7÷8=0.875	770	10	7 700
合计				2 530	10	25 300

其中，制造费用分配率 $=\dfrac{25\ 300}{2\ 530}=10$。

此法一般适用于原材料消耗相同、生产工艺相近的系列产品、联产品及等级产品制造费用的分配。

由于制造费用的内容多，性质、用途复杂，所以为了提高分配结果的正确性，工作中可以根据制造费用中各项费用的特征，将制造费用加以分类，例如：可分为与机器设备有关的费用，与房屋、建筑物面积有关的费用，与组织、管理生产有关的费用等多种类型，然后分别采用与其费用发生额密切相关的标准进行分配。当然，如此进行制造费用的分配，不但要分别计算不同类别费用的分配率，还要分别计算各产品应负担的不同类别的制造费用，因此，核算工作量会相应增加，但对提高成本核算正确性、加强成本管理、寻找成本下降原因却有十分重要的意义。

2. 计划分配率法

计划分配率法是指根据企业计划年度确定的各车间制造费用预算额，先计算年度计划分配率，然后各月按计划分配率和当月的实际产量等有关资料计算分配制造费用的方法。

制造费用的计划分配率法

计划分配率法下，制造费用的分配可采用生产工人定额工时、生产工人定额工资、定额机器小时、产品标准产量等标准进行分配。

假设以定额机器小时作为分配标准，有关计算公式如下：

$$年度计划分配率=\frac{车间年度制造费用预算总额}{本车间各种产品年度计划产量的定额机器工时总量}$$

$$\frac{\text{某月某产品应}}{\text{分配的制造费用}} = \frac{\text{该月该产品实际产量}}{\text{的定额机器小时}} \times \frac{\text{年度计划}}{\text{分配率}}$$

【例3－12】 某基本生产车间全年制造费用预算额115 200元，年度各种产品的计划产量分别为：

A产品5 600件，B产品2 600件；单件产品的工时定额：A产品5小时，B产品4小时。则：

A产品年度计划产量定额工时＝5 600×5＝28 000（小时）

B产品年度计划产量定额工时＝2 600×4＝10 400（小时）

$$\text{制造费用年度计划分配率} = \frac{115\ 200}{28\ 000 + 10\ 400} = 3$$

该车间1月份产品实际产量：A产品500件，B产品220件；本月实际发生制造费用10 500元。则1月份制造费用分配情况如下：

A产品分配的制造费用＝500×5×3＝7 500（元）

B产品分配的制造费用＝220×4×3＝2 640（元）

根据计算结果，当月分配制造费用的会计分录如下：

借：生产成本——基本生产成本——A产品　　7 500
　　　　　　　　　　　　　　——B产品　　2 640
　贷：制造费用　　　　　　　　　　　　　　10 140

本车间1月份实际发生制造费用10 500元，比按本月实际产量和计划分配率分配转出的制造费用10 140元多360元。可见，采用计划分配率法分配制造费用，各月实际发生的制造费用与分配转出的制造费用可能不一致，因此，每月月末“制造费用”账户可能出现借方或贷方余额。

“制造费用”账户的借方或贷方余额，平时一般不作处理，但年末如果仍然存在余额，则应在本车间12月份的各有关产品之间按一定标准进行分配，转入当月的产品成本。

设上述基本生产车间年末“制造费用”账户出现借方余额1 895元，本年度各种产品实际产量为：A产品5 500件，B产品2 600件，则按实际产量的定额工时分配差异计算如下：

A产品实际产量的定额工时＝5 500×5＝27 500（小时）

B产品实际产量的定额工时＝2 600×4＝10 400（小时）

$$\text{制造费用差异分配率} = \frac{1\ 895}{27\ 500 + 10\ 400} = 0.05\text{（元/小时）}$$

A产品分配的差异额＝5 500×5×0.05＝1 375（元）

B产品分配的差异额＝2 600×4×0.05＝520（元）

根据计算分配结果，作调整会计分录如下：

借：生产成本——基本生产成本——A 产品　　1 375
　　　　　　　　　　　　　　——B 产品　　520
　贷：制造费用　　1 895

如果年末“制造费用”账户为贷方余额，则调整会计分录应用红字登记。

采用计划分配率法分配制造费用，有利于控制和考核制造费用预算的执行情况，通过对各月制造费用差异的分析，可帮助车间管理人员及时寻找差异原因，采取相应措施，加强费用控制。但是，采用此种分配方法，要求企业有较高的预算管理体系，否则，年度制造费用预算如果与实际发生情况差异太大，会影响费用的分配结果。

对于季节性生产企业，为避免因产量变化而引起各月产品生产成本的大幅变动，可采用此种方法分配制造费用。

制造费用的分配，需要根据有关工时等记录编制“制造费用分配表”进行。制造费用分配表的一般格式见表 3－13。

表 3－13　　制造费用分配表

（第一生产车间）

20××年×月　　金额单位：元

应借科目		生产工时	分配率	分配金额
生产成本——基本生产成本	甲产品	800	6	4 800
	乙产品	1 200	6	7 200
合计		2 000	6	12 000

根据费用分配表，编制会计分录如下：

借：生产成本——基本生产成本——甲产品　　4 800
　　　　　　　　　　　　　　——乙产品　　7 200
　贷：制造费用　　12 000

3.4 生产性损失的归集与分配

生产性损失是指企业生产过程中由于某种原因发生的损失。制造业发生的生产性损失主要包括废品损失和停工损失。

3.4.1 废品损失的归集与分配

1. 废品和废品损失的含义

会计上所称的废品是指由于生产原因而造成的质量不符合规定的技术标准，不能按原定用途使用，或者需要加工修理后才能按原定用途使用的在产品、半成品和产成品。

废品按其能否和有否必要修复可分为可修复废品和不可修复废品两类。可修复废品是指技术上可以修复，而且所需修复费用在经济上是合算的废品，可修复废品一般经过修复，即可成为合格产品。不可修复废品是指在技术上已不可能修复，或者虽然技术上可以修复，但所需修复费用在经济上是不合算的废品。

废品损失是指由于产生废品而发生的废品报废损失和超过合格产品正常成本的多耗损失。具体地说，不可修复废品产生的损失是指不可修复废品已耗的实际成本，如果不可修复废品可作材料或废料回收，则回收材料或废料的价值应冲抵损失；可修复废品产生的损失是指可修复废品在返修过程中发生的修复费用，修复时耗用的直接材料、直接工资，以及应负担的制造费用等。

2. 废品损失账户的设置

为了全面反映企业一定时期内发生废品损失的情况，加强废品损失的控制，应设置“废品损失”账户进行废品损失的归集和分配。废品损失明细分类账户应分别不同的基本生产车间设置，账内按不同的成本计算对象开设专栏。其格式如表 3－14 所示。

表 3－14　　废品损失明细账

20××年×月　　单位：元

20××年		摘要	产品名称及废品金额			
月	日		甲产品	乙产品	丙产品	……
		可修复废品的修复费用 直接材料 直接人工 制造费用 小计				
		不可修复废品的成本 直接材料 直接人工 制造费用 小计 减：废品残值 责任人赔偿款 废品净损失				

3. 不可修复废品损失归集和分配

不可修复废品损失的归集与分配

进行不可修复废品损失的归集，首先计算废品报废时已经发生的废品生产成本，然后扣除残值和应收赔款，最后计算出废品的净损失。

由于废品报废以前发生的各项成本是与合格产品一起计算的，因而要将废品报废以前与合格品计算在一起的各项成本，采用适当的分配方法，在合格品与废品之间进行分配，计算出废品的实际成本，从“生产成本——基本生产成本”账户的贷方转入“废品损失”账户的借方。

【例3－13】某企业某车间生产甲种产品100件，生产过程中发现其中1件为不可修复废品。该产品成本明细账所记合格品和废品共同发生的生产费用为：直接材料25 000元，直接人工2 000元，制造费用5 000元，合计32 000元。原材料是在生产开始时一次投入的。实际生产工时为320小时，其中1件废品累计消耗20小时，废品回收的残料计价40元，应由过失人赔偿100元。

根据上述资料，应编制不可修复废品损失计算表，如表3－15所示。

表3－15　　不可修复废品损失计算表

（第一车间）

产品名称：甲　　　　20××年×月　　　　金额单位：元

项目	数量	直接材料	生产工时	直接人工	制造费用	合计
实际生产费用	100	25 000	320	2 000	5 000	32 000
费用分配率		250		6.25	15.625	
废品生产成本		250	20	125	312.5	687.5
减：残料价值		40				
减：过失人赔偿				100		
废品损失		210		25	312.5	547.5

根据上列不可修复废品损失计算表，应编制下列会计分录：

（1）将废品生产成本从其所记的“生产成本——基本生产成本”账户和所属明细账的贷方转出：

借：废品损失——甲产品　　687.5

　　贷：生产成本——基本生产成本——甲产品　　687.5

（2）收回废品残料价值：

借：原材料　　40

贷：废品损失——甲产品　　40

（3）应收过失人赔款：

借：其他应收款　　100

贷：废品损失——甲产品　　100

（4）将废品净损失547.5（即687.5－40－100）元，分配计入同种产品的成本，记入甲产品成本明细账“废品损失”成本项目：

借：生产成本——基本生产成本——甲产品　　547.5

贷：废品损失——甲产品　　547.5

4. 可修复废品损失归集和分配

可修复废品返修以前发生的生产成本，不是废品损失，不必计算其生产成本，而应留在“生产成本——基本生产成本”账户和所属有关产品成本明细账中，不必转出。返修发生的各种费用，应根据前述各种费用分配表，记入“废品损失”账户的借方。其回收的残料价值和应收的赔款，应从“废品损失”账户的贷方，转入“原材料”和“其他应收款”账户的借方。废品修复费用减去残值和应收赔款后的废品净损失，也应从“废品损失”账户的贷方转入“生产成本——基本生产成本”账户的借方，在所属有关的产品成本明细账中，记入“废品损失”成本项目。

【例3－14】 某企业某车间为修复甲产品领用原材料1 500元，应分配修复人员工资200元，制造费用300元。根据有关凭证和费用分配表分别作会计分录如下：

（1）领用原材料时：

借：废品损失——甲产品　　1 500

贷：原材料　　1 500

（2）核算应分配工资和制造费用时：

借：废品损失——甲产品　　500

贷：应付职工薪酬　　200

制造费用　　300

（3）将废品损失转入“生产成本——基本生产成本”账户：

借：生产成本——基本生产成本——甲产品　　2 000

贷：废品损失　　2 000

3.4.2　停工损失的归集与分配

在管理上要求单独反映和控制停工损失的企业中，在进行产品成本的核算时，还应进行停工损失的核算。

停工损失是指生产车间或车间内某个班组在停工期间发生的各项费用，包括停工期间发生的原材料费用、工资及福利费和制造费用等。企业的停工可分为计划内停工和计划外停工。所谓计划内停工是指计划规定的停工。计划外停工是指各种事故造成的停工。

在停工时，车间应该填列停工报告单，并在考勤记录中进行登记。成本会计人员应对停工报告单所列停工范围、时数及其原因和过失单位等事项进行审核。

1. 停工损失的归集

为了单独核算停工损失，在会计科目中应增设“停工损失”账户；在成本项目中应增设“停工损失”项目。

该账户应按车间设立明细账，账内按成本项目分设专栏或专行，进行明细核算。停工期间发生、应该计入停工损失的各种费用，应在该账户的借方归集：借记“停工损失”账户，贷记“原材料”“应付职工薪酬”“制造费用”等账户。因此。在单独核算停工损失的企业中，在编制各种费用分配表时，应该将属于停工损失的费用，加填借记“停工损失”账户的行次；而在制造费用的费用项目中，则可不再设立“季节性和修理期间停工损失”费用项目。

停工损失应分车间按停工单和本月的工资单和制造费用分配单计算。

【例 3－15】 某生产车间本月停工 100 小时，该车间生产工人工资分配率为每小时 3.4 元，制造费用分配率为每小时 5.2 元，则该车间本月停工损失可计算如下：

生产工人工资　　3.4 × 100 = 340（元）

制造费用　　5.2 × 100 = 520（元）

停工损失合计　　860（元）

有的企业为了简化停工损失核算的手续，对于时间比较短的停工，往往只计算停工期间应支付的职工薪酬。

2. 停工损失的分配

“停工损失”账户借方归集的停工损失，扣除取得的赔偿后的余额，应从该账户的贷方，转入“生产成本——基本生产成本”账户的借方。

对于应计入产品成本的停工损失，如果停工的车间只生产一种产品，应直接记入该种产品成本明细账的“停工损失”成本项目；如果停工的车间生产多种产品，则应采用适当的分配方法（一般采用分配制造费用的方法），分配记入该车间各种产品成本明细账的“停工损失”成本项目。通过上述归集和分配，“停工损失”账户应无月末余额。

本 章 小 结

1. 企业生产过程中耗用的材料费用和外购动力费用，凡是一种产品单独耗用的，则直接计入该产品的产品成本；凡是几种产品共同耗用的材料，则应选择既合理又简便的方法在有关受益产品之间进行分配。

职工薪酬费用，如果采用计件工资和为某一种产品生产单独发生的生产工人计时工资，直接计入该种产品成本；如果为几种产品生产共同发生的生产工人计时工资，则采用适当的分配标准在各受益产品之间进行分配。

2. 辅助生产费用是辅助生产车间为基本生产车间提供劳务或生产产品而发生的各项费用。其分配方法主要有：直接分配法、交互分配法和计划分配法。

3. 制造费用是指车间、分厂为生产产品和提供劳务而发生的各项间接费用，是产品成本的重要组成部分。对于常年进行产品生产的企业，月末，将本月发生的制造费用按照一定的标准分配计入产品成本，分配后月末无余额。对于季节性生产企业，月末可按年度计划分配率进行分配，并保留“制造费用”账户余额，但年末应将该余额转入产品成本。

4. 制造业发生的生产性损失主要包括废品损失和停工损失。废品按其能否和有否必要修复可分为可修复废品和不可修复废品两类。可修复废品损失是修复费用减去残值和应收赔款后的废品净损失。不可修复废品损失是指不可修复废品的生产成本，然后扣除残值和应收赔款的净损失。停工损失是指生产车间或车间内某个班组在停工期间发生的各项费用，包括停工期间发生的原材料费用、职工薪酬和制造费用等。

本章关键术语

职工薪酬、直接分配法、交互分配法、废品损失、停工损失。

本章综合复习题

一、思考题

1. 材料费用分配标准有哪些？如何进行材料费用的分配？
2. 如何按用途分配职工薪酬？
3. 简述辅助生产费用的分配程序。
4. 制造费用分配的正确与否关键在于什么？

5. 制造费用的分配方法有哪些？各适用于什么条件？

6. 可修复废品损失和不可修复废品损失各包括哪些内容？它们在归集方法上有什么不同？

二、选择题

1. 企业不设“燃料及动力”成本项目时，基本生产耗用的外购动力费用应计入（　　）。

A. 管理费用　　B. 制造费用
C. 生产成本　　D. 应付账款

2. 直接用于产品生产，并构成该产品实体的原材料费用应当计入（　　）。

A. 生产成本　　B. 制造费用
C. 管理费用　　D. 销售费用

3. 计入产品成本的各种材料费用，按其用途分配，应当记入（　　）科目的借方。

A. 生产成本　　B. 管理费用
C. 制造费用　　D. 销售费用

4. 材料费用的分配标准有（　　）。

A. 材料定额消耗量　　B. 材料定额费用
C. 标准产量　　D. 定额工时

5. 辅助生产车间完工入库的修理用备件，应借记（　　）科目，贷记“生产成本——辅助生产成本”科目。

A. “周转材料”　　B. “原材料”
C. “生产成本”　　D. “制造费用”

6. 辅助生产车间管理人员的薪酬，在不同的核算方法下，可能记入（　　）项目。

A. 管理费用　　B. 制造费用
C. 生产成本——辅助生产成本　D. 销售费用

7. 辅助生产费用交互分配法中的第一次交互分配是在（　　）之间进行分配。

A. 各受益单位
B. 辅助生产车间以外的受益单位
C. 各受益的基本生产车间
D. 各受益的辅助生产车间

8. 关于制造费用核算，下列说法正确的有（　　）。

A. 设“制造费用”总账，按车间、部门进行明细核算
B. 设“制造费用”总账，不需按车间、部门进行明细核算

C. 如辅助生产车间规模较小，其制造费用可合并到“生产成本——辅助生产成本”账户，不单独核算

D. “制造费用”明细账应按费用项目登记

9. 制造费用的分配应该（　　）。

A. 按车间分别进行分配

B. 在企业范围内统一进行分配

C. 分车间按统一标准进行分配

D. A、B、C 三种方法都正确

10. 按计划分配率分配制造费用后，“制造费用”科目年末（　　）。

A. 无余额　　B. 有借方余额

C. 有贷方余额　　D. 有借方或贷方余额

11. 下列（　　）属于废品损失组成部分。

A. 可修复废品的修复费用

B. 产品入库后保管不善而损坏变质的损失

C. 不合格降价出售的损失

D. 包退、包修、包换造成的损失

三、计算题

1. 某车间生产甲、乙两种产品，共同领用 A 材料，实际成本为 14 000 元。甲、乙产品的本月投产量分别为 200 件、250 件，两种产品的甲材料消耗定额分别为 2 公斤和 4 公斤。

要求：采用定额消耗量比例法计算分配甲、乙两种产品各自承担的直接材料费用，并进行会计处理。

2. 根据本月份工资结算凭证汇总的工资费用为：基本生产车间生产甲、乙两种产品，计时工资共计 740 000 元。甲产品完工 20 000 件，乙产品完工 16 000 件。单件产品工时定额：甲产品 5 小时，乙产品 3 小时。

要求：按定额工时比例分配甲、乙产品生产工人薪酬，编制职工薪酬分配的会计分录。

3. 某企业设有供电和供水两个辅助生产车间，其有关资料如下：

供电车间本月发生费用 19 000 元，提供电力 20 000 度，其中：为供水车间供电 1 000 度，为基本生产车间供电 16 000 度，为行政管理部门供电 3 000 度。供水车间本月发生的费用 20 000 元，提供 5 000 立方米，其中：为供电车间提供 1 000 立方米，为基本生产车间提供 3 000 立方米，为企业行政管理部门提供 1 000 立方米。

要求：采用交互分配法计算分配辅助生产费用，并做出会计分录

（保留两位小数）。

4. 某企业某车间全年制造费用计划为 55 000 元；全年各种产品的计划产量为 A 产品 2 600 件，产品 2 250 件，单件产品的工时定额为：A 产品 5 小时，B 产品 4 小时。该车间 5 月份的实际产量为：A 产品 240 件，B 产品 150 件。该月实际制造费用为 4 900 元。

要求：采用年度计划分配率分配法分配制造费用，并编制当月分配制造费用的会计分录。

5. 某企业生产车间本月在 B 产品的生产过程中发现不可修复废品 10 件，按所耗定额费用计算不可修复废品的生产成本。单件产品原材料费用定额 50 元，废品的定额工时 150 小时，每小时的定额费用为：燃料和动力费用 4 元，生产工人薪酬 10 元，制造费用 5 元。不可修复的残料作价 80 元，过失人赔偿 50 元。废品净损失由当月同种产品成本负担。

要求：计算不可修复废品的生产成本和净损失，并编制相应的会计分录。

第 4 章

生产费用在完工产品与在产品之间的分配

学习目标

- ◇ 理解在产品的概念及数量的核算方法；
- ◇ 掌握在产品按所耗原材料费用分配法；
- ◇ 掌握约当产量比例法；
- ◇ 掌握在产品按定额成本计价法；
- ◇ 掌握定额比例法。

在产品数量的核算

4.1 在产品数量的核算

通过前面章节各项费用的归集和分配，基本生产车间在生产过程中发生的各项费用，已经集中反映在“生产成本——基本生产成本”科目及其明细科目的借方，这些费用都是本月发生的产品生产费用，并不是本月完工产品的成本。若计算本月产成品成本，还需要将本月发生的生产费用，加上月初在产品成本，然后再将其在完工产品和月末在产品之间进行分配，以计算本月产成品成本。月初在产品成本、本月生产成本、本月完工产品成本和月末在产品成本四者之间的关系，可用下面的公式表示：

月初在产品成本＋本月生产成本＝本月完工产品成本＋月末在产品成本

月初在产品成本＋本月生产成本－月末在产品成本＝本月完工产品成本

上述公式中前两项是已知数，后两项是未知数，因此就需要在完工产品与月末在产品之间采用一定的分配方法进行分配。完工产品和月末在产品分配费用的方法一般有两类：一类是先确定月末在产品成本，然后再计算完工产品成本；另一类是将月初在产品成本加上本月生产成本，采用一定的标准进行分配，同时计算出完工产品成本和月末在产品成本。无论采取哪一类分配方法，都必须正确组织在产品的数量核算，取得在产品收、发和结存的数量资料，这是正确计算完工产品成本所必需的。

4.1.1 在产品的含义

在产品是指没有完成全部生产过程、不能作为商品销售的产品。包括正在车间加工中的在产品、需要继续加工的半成品、等待验收入库的产品、正在返修和等待返修的废品等。对外销售的自制半成品属于商品产品，不可修复废品也不属于在产品。以上在产品是从广义或者就整个企业来说的。从狭义或者只就某一车间或某一生产步骤来说，在产品只包括本车间或本生产步骤正在加工中的那部分在产品，完工的半成品不包括在内。

4.1.2 在产品数量的核算

在产品数量的核算，主要包括在产品收发结存的日常核算和在产品清查的核算。

1. 在产品收发结存的日常核算

在产品数量的核算，应同时具备账面核算资料和实际盘点资料，做好在产品收发结存的日常核算工作和在产品的清查工作，既可以从账面上随时掌握在产品的动态，又可以查清在产品的实际结存数量。一般情况下，应该根据在产品实际盘存数量计算在产品成本。但由于在产品品种多、数量大，每月都要组织实地盘点确有困难的，也可以根据在产品业务核算资料的期末结存量来计算在产品成本。车间在产品收发结存的日常核算，通常是通过“在产品收发结存账”（即在产品台账）进行的，该账户分别车间并按照产品品种和在产品的名称（零部件名称）设置，提供车间各种在产品收发结存动态的业务核算资料。根据领料凭证、在产品内部转移凭证、产品检验凭证和产品交库凭证，及时登记在产品收发结存账，最后由车间核算人员审核汇总。在产品收发结存账见表4－1。

表 4－1　　　　　　　　在产品收发结存账

车间名称；第一车间

零部件名称：001　　　　　　　20××年 3 月　　　　　　　　　单位：件

日期	摘要	收入		转出			结存	
		凭证号	数量	凭证号	合格品	废品	合格品	废品
1	期初结存						3 000	
10	入库	转字第 28 号	5 000				8 000	
16	领用			转字第 58 号	6 000		2 000	
28	领用			转字第 86 号	1 200		800	
31	期末结存						800	

2. 在产品清查的核算

在产品应该定期或不定期地进行清查，达到账实相符，保证在产品的安全完整。清查结束后，根据实际盘点数和账面资料编制在产品盘存表，列明在产品的账面数、实有数、盘盈或盘亏数，以及盈亏的原因和处理意见等，对于报废和毁损的在产品还要登记残值。成本核算人员应对在产品盘存表进行认真审核，并报有关部门审批，同时对在产品盘盈、盘亏进行账务处理。

在产品发生盘盈时，按计划成本或定额成本记入“生产成本”账户的借方，“待处理财产损溢”账户的贷方；按照规定核销时，则记入“待处理财产损溢”账户的借方，“制造费用”账户的贷方，冲减制造费用。

在产品发生盘亏和毁损时，记入“待处理财产损溢”账户的借方，“生产成本”账户的贷方，冲减在产品的账面价值。毁损在产品的残值，记入“原材料”“银行存款”等账户的借方，“待处理财产损溢”账户的贷方，冲减其损失。按规定核销时，应根据不同情况分别将损失从“待处理财产损溢”账户的贷方转入有关账户的借方：其中准予记入产品成本的损失，转入“制造费用”账户的借方；由于自然灾害造成的非常损失并收到保险公司的保险赔款部分，记入“银行存款”账户或“其他应收款”账户的借方，其余损失记入“营业外支出”账户的借方；应由过失单位或过失人员赔偿的记入“其他应收款”账户的借方，要求赔偿。为了正确归集和分配制造费用，在产品盘盈、盘亏的账务处理，应该在制造费用结账之前进行。

【例 4－1】 某工业企业基本生产车间在产品清查结果如下：甲产

品的在产品盘盈10件，单位定额成本200元；乙产品的在产品盘亏25件，单位定额成本60元，应由过失人赔款300元；丙产品的在产品毁损400件，单位定额成本50元，自然灾害损失5 000元，残料入库价值1 000元，其余损失计入产品成本。以上事项均已批准转账。

（1）在产品盘盈的核算：

①盘盈时：

借：生产成本——基本生产成本——甲产品　　2 000

　　贷：待处理财产损溢　　2 000

②批准后：

借：待处理财产损溢　　2 000

　　贷：制造费用　　2 000

（2）在产品盘亏的核算：

①盘亏时：

借：待处理财产损溢　　1 500

　　贷：生产成本——基本生产成本——乙产品　　1 500

②批准后：

借：其他应收款　　300

　　制造费用　　1 200

　　贷：待处理财产损溢　　1 500

（3）在产品毁损的核算：

①毁损转账：

借：待处理财产损溢　　20 000

　　贷：生产成本——基本生产成本——丙产品　　20 000

②残料入库：

借：原材料　　1 000

　　贷：待处理财产损溢　　1 000

③批准后转账：

借：营业外支出　　5 000

　　制造费用　　14 000

　　贷：待处理财产损溢　　19 000

库存半成品、辅助生产车间在产品数量和清查的核算，与基本生产基本相同。只是它们清查的结果分别在“自制半成品”和“生产成本——辅助生产成本”账户中核算。

知识拓展：
生产费用分配方法的选择

4.2 生产费用在完工产品和在产品之间分配的方法

生产成本在完工产品与在产品之间分配，是成本计算的一个重要步骤，企业应该根据在产品数量的多少、各月在产品数量变化的大小、各项费用比重的大小，以及定额管理基础的好坏等具体条件，选择既合理又较简便的分配方法。下面介绍几种常用的分配方法。

4.2.1 不计算在产品成本法

如果各月末在产品数量很少，是否计算在产品成本对于完工产品成本的影响很小，管理上不要求计算在产品成本，为了简化核算工作，可以不计算在产品成本。即某种产品本月归集的全部生产费用，就是该种完工产品成本。

4.2.2 按年初数固定计算在产品成本法

这种方法适用于在产品数量较小，或者在产品数量虽大、但各月之间在产品数量变动不大，月初、月末在产品成本的差额不大，是否计算在产品成本的差额，对完工产品成本的影响不大，为了简化核算工作，同时又反映在产品占用的资金，各月在产品成本可以按年初数固定计算。例如，炼铁厂、化工厂或其他有固定容器装置的在产品，数量都较稳定，可以采用这种方法。采用该种方法，某种产品本月发生的生产费用就是本月完工产品的成本。年终时，根据实际盘点的在产品数量，重新调整计算确定在产品成本，以免在产品成本与实际出入过大，影响成本计算的正确性。

4.2.3 在产品按所耗原材料费用计价法

这种方法适用于各月末在产品数量较大，各月末在产品数量变化也较大，同时原材料费用在成本中所占比重较大的产品。例如，造纸、酿酒等行业的产品，原材料费用占产品成本比重一般比较大。采用这种方法时，月末在产品只计算耗用的原材料费用，不计算所耗用的职工薪酬等加工费用，产品的加工费用全部计入完工产品成本。某种产品的全部生产费用，减月末在产品原材料费用，就是完工产品的成本。

【例 4－2】某企业生产甲产品，该产品原材料费用在产品成本中所占比重较大，在产品只计算原材料费用。甲产品月初在产品原材料（即月初在产品成本）为 20 000 元；本月发生原材料费用 60 000 元，职工薪酬等加工费用共计 5 600 元；完工产品 8 000 件，月末在产品 2 000 件。该种产品的原材料费用在生产开始时一次投入，原材料费用按完工产品和在产品的数量比例分配。分配计算如下：

$$\text{原材料费用分配率}=\frac{20\ 000+60\ 000}{8\ 000+2\ 000}=8$$

完工产品原材料成本 = 8 000 × 8 = 64 000（元）

月末在产品原材料成本（月末在产品成本）= 2 000 × 8 = 16 000（元）

完工产品成本 = 64 000 + 5 600 = 69 600（元）

4.2.4　约当产量比例法

约当产量法

约当产量是指月末在产品数量按照完工程度折算为相当于完工产品的产量。约当产量比例法，月末在产品数量按照完工程度折算约当产量，然后按照完工产品产量与在产品约当产量的比例分配计算完工产品成本和月末在产品成本的一种方法。这种分配费用的方法，在产品既要计算原材料费用，又要计算工资等其他费用。这种方法适用于月末在产品数量较大，各月末在产品数量变化也较大，产品成本中原材料费用和职工薪酬等加工费用比重相差不多的产品。

其计算公式如下：

$$\text{在产品约当产量}=\text{在产品数量}\times\text{在产品完工程度}$$

$$\text{单位成本}=\frac{\text{月初在产品成本}+\text{本月发生生产费用}}{\text{产成品产量}+\text{月末在产品约当产量}}$$

$$\text{产成品成本}=\text{单位成本}\times\text{产成品数量}$$

$$\text{月末在产品成本}=\text{单位成本}\times\text{月末在产品约当产量}$$

采用该方法分配全部费用，要注意产品的投料和加工方式。

（1）如果原材料在生产开始时一次投足、逐步加工且在产品在各工序均匀分布的情况下，月末在产品与产成品应负担同样的材料费用，投料程度为 100%；而直接人工等加工费用则按照约当产量比例进行分配。

【例 4－3】某产品本月完工 30 件，月初无在产品；月末在产品 10 件，平均完工程度为 60%，本月发生生产费用共 36 000 元。分配结果如下：

$$单位成本=\frac{36\ 000}{30+10\times 60\%}=1\ 000（元）$$

$$完工产品成本=30\times 1\ 000=30\ 000（元）$$

$$月末在产品成本=10\times 60\%\times 1\ 000=6\ 000（元）$$

采用这种方法，关键问题在于在产品完工程度的确定。一般是根据月末在产品的数量，用技术测定或其他方法，计算在产品的完工程度。如果企业具备工时定额，可以按照每道工序累计单位工时定额除以单位产品工时定额计算求得。因为存在于各个工序的在产品加工程度不同，有的正在加工之中，有的接近完工。所以，为了简化核算，各工序内在产品完工程度按平均完工 50% 计算。

【例 4－4】 某企业 C 产品经过三道工序制成，单位工时定额 10 小时。第一道工序工时定额为 2 小时，第二道工序工时定额为 3 小时，第三道工序工时定额为 5 小时。各道工序内在产品加工程度均按 50% 计算。各工序完工率计算如下：

$$第一道工序完工程度=\frac{2\times 50\%}{10}\times 100\%=10\%$$

$$第二道工序完工程度=\frac{2+3\times 50\%}{10}\times 100\%=35\%$$

$$第三道工序完工程度=\frac{2+3+5\times 50\%}{10}\times 100\%=75\%$$

根据各工序的月末在产品数量和各工序完工率，计算出月末各工序在产品的约当产量及其总数，据以分配费用。

约当产量法例题

【例 4－5】 某企业生产乙产品，本月完工 600 件，月末在产品 100 件，在产品完工程度 50%；月初在产品和本月原材料费用共计 70 000 元，职工薪酬等加工费为 65 000 元。原材料是生产开始时一次投入，原材料费用按照完工产品和月末在产品数量比例分配，职工薪酬等加工费用按照完工产品数量和月末在产品约当产量的比例分配。费用分配计算如下：

① 原材料费用分配：

$$原材料费用分配率=\frac{70\ 000}{600+100}=100$$

$$完工产品原材料费用=600\times 100=60\ 000（元）$$

$$在产品原材料费用=100\times 100=10\ 000（元）$$

② 计算分配加工费的月末在产品约当产量：

$$月末在产品约当产量=100\times 50\%=50（件）$$

③ 职工薪酬等加工费用分配：

$$工资薪酬等加工费分配率 = \frac{65\ 000}{600+50} = 100$$

完工产品职工薪酬 $=600\times100=60\ 000$（元）

在产品职工薪酬 $=50\times100=5\ 000$（元）

④计算产品成本：

完工产品成本 $=60\ 000+60\ 000=120\ 000$（元）

月末在产品成本 $=10\ 000+5\ 000=15\ 000$（元）

⑤ 根据完工产品总成本编制完工产品入库的会计分录：

借：产成品　　　　　　　　　　　　120 000

　　贷：生产成本——基本生产成本　　　　　120 000

（2）如果原材料是随加工程度陆续投料，投料程度等于完工程度，则直接材料、直接人工、制造费用等均按照相同的约当产量比例进行分配。

【例4－6】 某种产品需经两道工序制成，原材料随着加工进度陆续投料，投料程度与加工程度一致。原材料消耗定额为50千克，其中：第一道工序原材料消耗定额为30千克，第二道工序原材料消耗定额为20千克。月末在产品数量：第一道工序为2 000件，第二道工序为3 000件。完工产品为7 000件，月初在产品和本月发生的原材料费用共计22 400元。月初在产品和本月发生的工资费用共计20 000元。计算过程和结果详见表4－2。

表4－2　　在产品约当产量计算表　　单位：件

工序	原材料消耗定额	在产品完工率（投料率）	在产品约当产量	完工产品	合计
1	30	30×50%÷50＝30%	2 000×30%＝600		
2	20	（30＋20×50%）÷50＝80%	3 000×80%＝2 400		
合计	50		3 000	7 000	10 000

$$原材料费用分配率 = \frac{22\ 400}{3\ 000+7\ 000} = 2.24$$

完工产品应负担的原材料费用 $=7\ 000\times2.24=15\ 680$（元）

月末在产品应负担的原材料费用 $=3\ 000\times2.24=6\ 720$（元）

$$工资费用分配率 = \frac{20\ 000}{3\ 000+7\ 000} = 2$$

完工产品应负担的工资费用 $=7\ 000\times2=14\ 000$（元）

月末在产品应负担的工资费用 $=3\ 000\times2=6\ 000$（元）

4.2.5 在产品按完工产品成本计算法

这种方法是将在产品视同完工产品分配费用。这种分配方法适用于月末在产品已经接近完工，或者产品已经加工完毕，但尚未验收或包装入库的产品。为了简化核算工作，将月末在产品视同完工产品分配费用。

【例 4－7】 某产品月初在产品费用和本月发生费用合计数为：原材料费用 27 000 元，职工薪酬 6 300 元，制造费用 18 000 元。完工产品 800 件，月末在产品 100 件，该产品已接近完工，采用月末在产品成本按完工产品成本计算。其计算分配结果见表 4－3。

表 4－3　　产品成本计算单

20××年×月　　金额单位：元

成本项目	生产费用合计	分配率	完工产品		月末在产品	
			数量	成本	数量	成本
①	②	③＝②÷(④＋⑥)	④	⑤＝④×③	⑥	⑦＝⑥×③
原材料	27 000	30	800	24 000	100	3 000
职工薪酬	6 300	7	800	5 600	100	700
制造费用	18 000	20	800	16 000	100	2 000
合计	51 300			45 600		5 700

根据完工产品总成本编制完工产品入库的会计分录：

借：产成品　　45 600

　　贷：生产成本——基本生产成本　　45 600

4.2.6 在产品按定额成本计价法

这种分配方法是按照预先制定的定额成本计算月末在产品成本，即月末在产品成本按其数量和单位定额成本计算。某种产品全部生产费用（月初在产品费用加本月生产费用），减月末在产品的定额成本，其余额作为完工产品成本，也就是说，每月生产费用脱离定额的差异，全部计入当月完工产品成本。这种方法适用于定额管理基础比较好，各项消耗定额或费用定额比较准确、稳定，而且各月在产品数量变动不大的产品。

采用这种方法，应根据各种在产品有关定额资料，以及在产品月末结存数量，计算各种月末在产品的定额成本。

【例 4－8】 某企业生产甲、乙两种产品，月末在产品数量分别为 500 件和 600 件，原材料均系在生产开始时一次投入，采用按定额成本计价的方法。甲产品单件原材料费用定额为 40 元，在产品工时定额为 20 小时；乙产品单件原材料费用定额为 50 元，在产品工时定额 15 小时。职工薪酬单位工时定额为 1 元，制造费用单位工时定额为 2 元。月末在产品定额成本的计算结果详见表 4－4。

表 4－4　　月末在产品定额成本计算表

20××年×月

产品名称	在产品数量（件）	原材料定额费用（元）	定额工时（工时）	职工薪酬（元）	制造费用（元）	定额成本合计（元）
甲	500	20 000	10 000	10 000	20 000	50 000
乙	600	30 000	9 000	9 000	18 000	57 000
合计		50 000	19 000	19 000	38 000	107 000

采用这种方法，月末在产品定额成本与实际成本之间的差异（脱离定额差异），而全部由完工产品成本负担并不合理。因此，只有在符合上述适用条件下采用这种方法，才能既正确又简便地解决完工产品与在产品之间分配费用的问题，否则会影响产品成本计算的正确性。

4.2.7　定额比例法

定额比例法

定额比例法是产品的生产费用按照完工产品和月末在产品的定额消耗量或定额费用的比例，分配计算完工产品成本和月末在产品成本的方法。其中，原材料费用按照原材料定额消耗量或定额费用比例分配；职工薪酬、制造费用等各项加工费，可以按定额工时的比例分配，也可以按定额费用比例分配。

这种分配方法适用于定额管理基础较好，各项消耗定额或费用定额比较准确、稳定，各月末在产品数量变动较大的产品。因为月初和月末在产品费用之间脱离定额的差异，也要在完工产品与月末在产品之间按比例分配，从而提高了产品成本计算的正确性。缺点在于分配的核算工作量较大。

定额比例法的计算步骤如下：

1. 分配材料费用

$$材料费用分配率=\frac{月初在产品实际成本+本月投入的实际材料费用}{完工产品定额材料成本+月末在产品定额材料成本}$$

完工产品应分配的材料成本＝完工产品定额材料成本×材料费用分配率

月末在产品应分配的材料成本＝月末在产品定额材料成本×材料费用分配率

2. 分配直接人工及其他费用

$$工资(费用)分配率=\frac{月初在产品实际工资(费用)+本月投入的实际工资(费用)}{完工产品定额工时+月末在产品定额工时}$$

完工产品应分配的工资(费用)＝完工产品定额工时×工资(费用)分配率

月末在产品应分配的工资(费用)＝月末在产品定额工时×工资(费用)分配率

3. 计算完工产品成本与月末在产品成本

完工产品成本＝完工产品应分配的材料成本＋完工产品应分配的工资(费用)

月末在产品成本＝月末在产品应分配的材料成本＋月末在产品应分配的工资(费用)

【例4－9】 某产品甲产品月初在产品成本为：直接材料10 000元；职工薪酬6 000元；制造费用4 000元。本月发生的生产费用：直接材料80 000元；职工薪酬44 000元；制造费用30 000元。完工产品9 000件，直接材料定额费用85 000元；定额工时9 000小时。月末在产品1 000件，直接材料定额费用15 000元；定额工时1 000小时。直接材料按直接材料定额费用比例分配，其他费用按定额工时比例分配。各项费用分配计算结果见表4－5。

表4－5　　基本生产成本明细账

产品名称：甲　　20××年×月　　金额单位：元

成本项目	月初在产品费用	本月生产费用	生产费用合计	费用分配率	完工产品成本		月末在产品成本	
					定额	实际成本	定额	实际成本
①	②	③	④＝②＋③	⑤＝④÷(⑥＋⑧)	⑥	⑦＝⑥×⑤	⑧	⑨＝⑧×⑤
直接材料	10 000	80 000	90 000	0.9	85 000	76 500	15 000	13 500
职工薪酬	6 000	44 000	50 000	5	9 000	45 000	1 000	5 000
制造费用	4 000	30 000	34 000	3.4	9 000	30 600	1 000	3 400
合计	20 000	154 000	174 000			152 100		21 900

根据完工产品总成本编制完工产品入库的会计分录：

借：产成品　　　　　　　　　　　　　　152 100

　　贷：生产成本——基本生产成本　　　　　　152 100

知识拓展：
费用与资产、成本之间的关系

本 章 小 结

1. 在产品有广义和狭义之分。广义在产品是就整个企业来说的，它是指没有完成全部生产过程，不能作为商品销售的产品。狭义在产品是就某一车间或某一生产步骤来说，在产品只包括本车间或本生产步骤正在加工中的那部分在产品，完工的半成品不包括在内。

2. 生产成本在完工产品与在产品之间分配，是成本计算工作中一个重要而又复杂的问题。企业应该根据在产品数量的多少、各月在产品数量变化的大小、各项费用比重的大小，以及定额管理基础的好坏等具体条件，选择既合理又较简便的分配方法。常用的分配方法有：不计算在产品成本法、按年初数固定计算在产品成本法、在产品按所耗原材料费用计价法、约当产量比例法、在产品按完工产品成本计算法、在产品按定额成本计价法和定额比例法。

本章关键术语

在产品、约当产量、约当产量比例法、定额比例法。

本章综合复习题

一、思考题

1. 如何核算在产品的数量？

2. 生产费用在完工产品和期末在产品之间分配的方法有哪几种？各在何种情况下应用？

3. 如何利用约当产量法在完工产品和期末在产品之间分配生产费用？

4. 月末在产品按定额成本计价法与定额比例法有何区别？

5. 如何结转完工产品的成本？

二、选择题

1. 下列方法中不属于完工产品与月末在产品之间分配费用的方法是（　　）。

A. 约当产量比例法　　B. 不计算在产品成本法

C. 年度计划分配率分配法　　D. 定额比例法

2. A 产品单位工时定额 20 小时，经过四道工序制成。第一道工序工时定额为 2 小时，第二道工序工时定额为 4 小时，第三道工序工时定额为 8 小时，第四道工序工时定额为 6 小时，则第三道工序的完工率为（　　）。

A. 10%　　B. 30%　　C. 50%　　D. 70%

3. 在产品采用定额成本计价法计算时，其实际成本与定额成本之间的差异应计入（　　）。

A. 在产品成本　　B. 营业外支出

C. 完工产品成本　　D. 期间费用

4. 狭义的在产品包括（　　）。

A. 正在车间加工的产品　　B. 需进一步加工的半成品

C. 对外销售的自制半成品　　D. 产成品

5. 分配加工费用时所采用的在产品的完工率是指产品（　　）与完工产品工时定额的比率。

A. 前面各工序工时定额与所在工序工时定额之半的合计数

B. 所在工序的工时定额

C. 所在工序的累计工时定额

D. 所在工序的工时定额之半

6. 下列属于广义在产品的有（　　）。

A. 正在车间加工中的在产品　　B. 需要继续加工的半成品

C. 正在返修和等待返修的废品　　D. 不可修复废品

7. 按年初数固定计算在产品成本法适用于（　　）。

A. 各月月末在产品数量很少

B. 在产品数量虽大、但各月之间在产品数量变化不大

C. 月初月末在产品成本的差额不大

D. 各月月末在产品数量较大，各月末在产品数量变化也较大

8. 约当产量比例法适用于（　　）。

A. 月末在产品数量较大

B. 各月末在产品数量变化也较大

C. 产品成本中原材料费用和工资及福利费等加工费用的比重相差不多

D. 在产品数量虽大、但各月之间在产品数量变化不大

9. 选择生产费用在完工产品和在产品之间分配方法时，主要应考虑的条件是（　　）。

A. 各月末在产品数量的多少

B. 定额管理基础的完善情况

C. 成本项目构成比重的大小

D. 各月末在产品数量变化的大小

三、计算题

1. 某工业企业某月份生产甲产品，本产品产量为 2 700 件，月末在产品盘存数量为 600 件，原材料在生产开始时一次投入，在产品完工程度为 50%，月在产品成本和本期发生的费用如下表所示：

单位：元

项目	期初在产品成本	本期发生费用
直接材料	9 300	60 000
直接人工	6 000	21 000
制造费用	6 600	24 000
合计	21 900	105 000

要求：根据上述资料，采用约当产量法计算完工产品成本和月末在产品成本。

2. 某工业企业生产 A 产品，原材料在生产开始时一次投入。该产品各项消耗定额比较准确、稳定，各月末在产品的数量变化不大，月末在产品按定额成本计价。本月完工 A 产品产量 4 000 件，期末在产品数量 300 件。期初在产品成本为 6 500 元，本期发生费用共计 110 000 元。原材料在生产开始时一次投入，在产品单件材料费用定额 40 元，单件产品工时定额为 20 小时，每小时直接人工 5 元，每小时制造费用 1 元。

要求：在产品采用定额成本法，计算完工产品成本和期末在产品成本。

3. 某采矿企业开采铁矿石，每月产量较大，但月末在产品数量很少，因此采用不计算在产品成本法。本月铁矿石成本计算单登记的生产费用总额为 400 000 元，其中，直接材料 230 000 元，直接人工 100 000 元，制造费用 70 000 元。本月铁矿石产量为 1 000 吨。

要求：根据本月发生的生产费用资料，计算本月铁矿石的总成本和单位成本。

4. 某企业某产品经过两道工序制成，各工序原材料消耗定额为：第 1 工序 160 千克，第 2 工序 40 千克；各工序在产品为：第 1 工序 100 件，第 2 工序 50 件。

要求：（1）假设原材料在各工序生产开始时一次投料，计算各工序在产品投料率和在产品的约当量；

（2）假设原材料在各工序生产开始后陆续投料，计算各工序在产品投料率和在产品的约当量。

5. 某炼钢厂生产的 B 产品月末在产品数量比较稳定，采用固定在产品成本法。该产品月初在产品成本为 100 000 元，其中，直接材料 58 000 元，直接人工 26 500 元，制造费用 15 500 元。3 月份发生生产费用 1 500 000 元，其中，直接材料 766 000 元，直接人工 420 000 元，制造费用 314 000 元。本月完工入库 B 产品 2 000 吨。

要求：计算 B 产品本月完工产品总成本和单位成本。

第 5 章 产品成本计算方法概述

学习目标

◇ 掌握生产类型按照生产组织和工艺过程的分类；
◇ 掌握产品成本计算方法的影响因素。

5.1 企业的生产特点

生产的特点，就是生产的类型。制造业生产的特点包括产品生产工艺过程的特点和生产组织特点两个方面。

5.1.1 生产工艺过程特点

产品生产工艺过程是指企业生产产品的工艺技术的具体方法，是生产者利用劳动手段直接改变劳动对象的形状、尺寸、性能、成分以及结构等，将其加工成为预期产品的过程。按照工艺过程的特点，企业生产可以划分为单步骤生产和多步骤生产两种。

1. 单步骤生产

单步骤生产，亦称简单生产，是指生产工艺过程不能间断、不可能或不需要划分为几个生产步骤的生产，例如发电、采掘等工业生产。这类生产由于技术上的不可间断（例如发电），或由于工作地点上的限制（例如采煤），通常只能由一个企业整体进行，而不能由几个企业协作进行。如发电、采掘等生产。

2. 多步骤生产

多步骤生产，亦称复杂生产，是指生产工艺过程由若干个可以间断的、分散在不同地点、分别在不同时间进行的生产步骤所组成的生产，例如纺织、钢铁、机械、造纸、服装等工业生产，多步骤生产按其产品的加工方式，又可分为连续加工式生产和装配式生产。连续加工式生产，是指原材料投入生产后，要依次经过各生产步骤的连续加工，才能成为产品的生产，例如纺织、钢铁等工业生产。装配式生产是指，先将原材料分别加工为零件、部件，再将零件、部件装配为产品的生产，例如机械、车辆、仪表制造等工业生产。

5.1.2 生产组织特点

产品生产组织是指企业为保证产品生产过程中各因素相互协调的工作制度。生产组织的特点取决于产品产量的多少、产品生产的重要性以及产品的稳定程度。按照生产组织的特点，企业生产可以分为大量生产、成批生产和单件生产三种类型。

1. 大量生产

大量生产是指不断地重复生产相同产品的生产。在这种类型的生产中，产品的品种较少，而且比较稳定。例如矿物、纺织品、面粉、化肥等。

2. 成批生产

成批生产是指按照事先规定的产品批别和数量进行的生产。在这种类型的生产中，产品的品种较多，而且具有一定的重复性。例如服装、机械的生产。成批生产按照产品批量的大小，又可以分为大批生产和小批生产。大批生产，由于产品批量大，往往在几个月内不断地重复生产一种或几种产品，因而性质近于大量生产；小批生产，由于产品的批量小，一批产品一般可以同时完成，因而其性质近于单件生产。

3. 单件生产

单件生产，是指根据订货单位的要求，加工个别的、性质特殊的产品，其特点类似于小批生产。例如重型机器制造和船舶制造等。在这种类型的生产中，产品的品种多，而且很少重复。

5.1.3 工艺过程与生产组织的结合

前面介绍了企业生产按照工艺过程和生产组织特点的分类，这两种分类方式之间存在一定的联系。不同的生产工艺技术和生产组织的结合，就形成不同类型的生产企业。单步骤生产和连续加工式的多步骤生产，其生产组织大多为大量生产。装配式的多步骤生产，其生产组织可以是大量生产，也可以是成批生产，还可以是单件生产。

以上两种分类的关系见图 5－1。

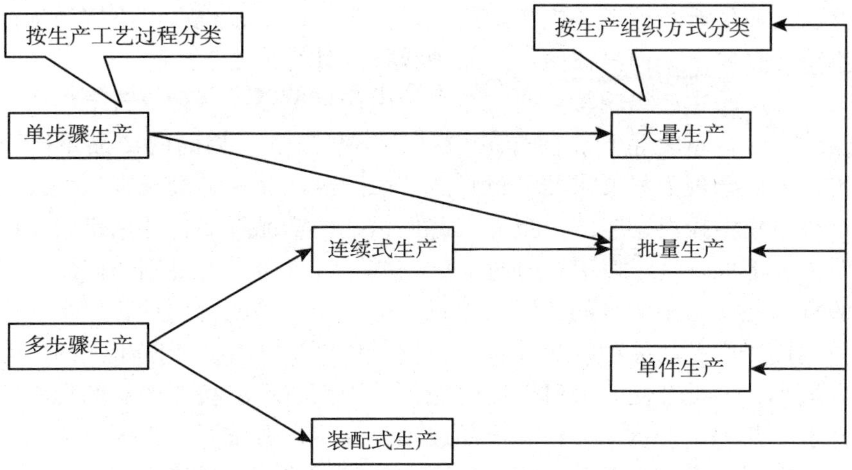

图 5－1　生产类型两种分类的关系

5.2　生产特点及管理要求对产品成本计算的影响

企业的生产特点及管理要求，对确定成本计算对象、成本计算期，以及生产费用在完工产品与在产品之间的分配等都会产生影响。

5.2.1　生产特点对产品成本计算的影响

生产特点对成本计算的影响

生产类型不同，对成本进行管理的要求也不一样。生产特点必然对产品成本的计算产生影响。这一影响主要表现在成本计算对象的确定、成本计算期的确定以及生产费用在完工产品与在产品之间的分配方法三个方面。

1. 成本计算对象的确定

所谓成本计算对象，就是生产费用的承担者，通俗地讲就是计算谁的成本。根据管理的需要，它可能是产品的品种，也可能是产品的批别，或者是产品的生产步骤。

从产品生产工艺过程看，由于单步骤生产的工艺过程不能间断，因而不可能也不需要按照生产步骤计算产品成本，只能按照生产产品的品种计算成本。而在多步骤生产中，为了加强各个生产步骤的成本管理，往往不仅要求按照产品的品种或批别计算成本，而且还要求按照产品生产的步骤计算成本。但是，如果企业的规模较小，管理上不要求按照生产步骤考核生产费用、计算产品成本，也可以不按照生产步骤计算成本，而只按照产品品种或批别计算成本。

从产品生产组织特点看，在大量生产情况下，一种或若干种产品连续不断地重复生产，同样的原材料不断投入，相同的产品不断产出，因而管理上只要求而且也只能按照产品的品种计算成本。大批生产往往集中投料，生产一批零、部件供几批产品耗用；耗用量较多的零件、部件，也可以另行分批生产，零、部件生产的批别与产品生产的批别往往是不一致的，因而也就不能按照产品的批别计算成本，而只能按照产品的品种计算成本。小批、单件生产，由于其生产的产品批量小，一批产品一般可以同时完工，因而有可能按照产品的批别或件别，归集生产费用，计算产品成本，从管理要求看，为了分析和考核各批产品成本水平，也要求按照产品批别或件别计算成本。

综上所述，在产品成本计算工作中有着三种常用的成本计算对象：

以产品品种为成本计算对象；

以产品批别为成本计算对象；

以产品生产步骤为成本计算对象。

成本计算对象的确定，是设置产品成本明细账，归集生产费用，计算产品成本的前提，也是区别各种成本计算基本方法的主要标志。

2. 成本计算期的确定

成本计算期是指计算产品成本的起止时间。在不同生产类型中，产品成本计算的日期也不同，这主要决定于生产组织的特点。在单件和小批生产中，产品成本有可能在某件或某批产品完工以后计算，因而成本计算是不定期的，而与生产周期相一致。但在大量、大批生产中，由于生产活动连续不断地进行着，因而产品成本要定期在每月月末进行，而与生产周期不相一致。

3. 对完工产品与在产品之间费用分配的影响

在单步骤生产中，生产过程不能间断，生产周期也短，一般没有在产品，或者在产品数量很少，因而计算产品成本时，生产费用不必在完工产品与在产品之间进行分配。在多步骤生产中，是否需要在完工产品与在产品之间分配费用，在很大程度上取决于生产组织的特点。在大量、大批生产中，由于生产连续不断地进行，月末一般会有在产品，因而在计算成本时，就需要采用适当的方法，将生产费用在完工产品与在产品之间进行分配。在小批、单件生产中，如果成本计算期与生产周期一致，在每批、每件产品完工前，产品成本明细账中所记的生产费用就是在产品的成本；完工后，其所记的费用就是完工产品的成本，因而不必在完工产品与在产品之间分配费用。

5.2.2　管理要求对产品成本计算方法的影响

产品成本的计算方法主要受企业生产特点的制约，但并不完全服从于生产特点。企业成本管理要求的不同，对产品成本计算方法（主要是成本计算对象）的确定也会产生影响。例如，在大量大批复杂生产的企业，由于产品需要经过若干个生产步骤，所以，一般情况下，都以每种产品及其所经过的加工步骤为成本计算对象，即采用分步法计算产品成本。但是，如果企业规模较小，或成本管理上不要求计算出各加工步骤的成本，只要求计算出每种产品的成本，这时，可以采用品种法计算该产品成本。

5.2.3　产品成本的计算方法

知识拓展：
各种成本计算方法的实际应用

生产成本计算就是按照成本计算对象，分配和归集生产费用并计算其总成本和单位成本的过程。上述生产特点及管理要求对成本计算的影响分析，说明成本计算对象是成本计算的核心，也是构成成本计算方法的主要标志。既然在成本计算工作中存在着三种不同的成本计算对象，相应地，也就存在着以这三种成本计算对象为主要标志的三种成本计算的基本方法：

（1）品种法。以产品品种为成本计算对象的产品成本计算方法，称为品种法。一般适用于单步骤的大量生产，如发电、采掘等；也可用于不需要分步骤计算成本的多步骤的大量、大批生产，如小型造纸厂、水泥厂等。

（2）分批法。以产品批别为成本计算对象的产品成本计算方法，称为分批法。适用于单件、小批的单步骤生产或管理上不要求分步骤计算成本的多步骤生产，如修理作业、专用工具模具制造、重型机器制造、船舶制造等。

（3）分步法。以产品生产步骤为成本计算对象的产品成本计算方法，称为分步法。适用于大量大批的、管理上要求分步骤计算成本的多步骤生产，如纺织、冶金、机械制造等。

除了产品成本计算的上述三种基本方法以外，还存在分类法等成本计算的辅助方法。在产品品种、规格繁多的工业企业中，如针织厂、灯泡厂等，为了简化成本计算工作，可以使用分类法。在工业企业中，确定不同的成本计算对象，采用不同的成本计算方法，主要是为了适应企业的生产特点和管理要求，正确提供成本核算资料，加强成本管理与控制。但是，不论什么生产类型的企业，不论采用什么样的成本计算方法，最终都必须按照产品品种计算出产品成本。

本章小结

1. 制造企业按照工艺过程的特点，企业生产可以划分为单步骤生产和多步骤生产两种。

单步骤生产，亦称简单生产，是指生产工艺过程不能间断、不可能或不需要划分为几个生产步骤的生产；多步骤生产，亦称复杂生产，是指生产工艺过程由若干个可以间断的、分散在不同地点、分别在不同时间进行的生产步骤所组成的生产。

2. 按照生产组织的特点，企业生产可以分为大量生产、成批生产和单件生产三种类型。大量生产是指不断地重复生产相同产品的生产。在这种类型的生产中，产品的品种较少，而且比较稳定。成批生产是指按照事先规定的产品批别和数量进行的生产。成批生产按照产品批量的大小，又可以分为大批生产和小批生产。大批生产，由于产品批量大，往往在几个月内不断地重复生产一种或几种产品，因而性质近于大量生产；小批生产，由于产品的批量小，一批产品一般可以同时完成，因而其性质近于单件生产。

3. 生产类型特点和管理要求对产品成本计算的影响，主要表现在成本计算对象的确定上。成本计算就是按照成本计算对象，分配和归集生产费用并计算其总成本和单位成本的过程。上述生产特点及管理要求对成本计算的影响和成本计算对象与成本计算的关系，说明成本计算对象是成本计算的核心，因而也是构成成本计算方法的主要标志。

4. 企业成本计算对象不同，成本计算方法也不同。以产品品种为成本计算对象的产品成本计算方法即品种法；以产品批别为成本计算对象的产品成本计算方法，即分批法；以产品生产步骤为成本计算对象的产品成本计算方法，即分步法。

本章关键术语

单步骤生产、多步骤生产、大量生产、成批生产、单件生产、成本计算对象、成本计算期。

本章综合复习题

一、思考题

1. 制造企业的生产按照生产特点和工艺过程可分为哪几类?
2. 生产特点是如何影响产品成本计算方法的?
3. 管理要求是如何影响产品成本计算方法的?
4. 确定产品成本计算方法的原则是什么?

二、选择题

1. 制造企业的生产，按其生产工艺过程的特点可以分为（　　）。

A. 单步骤生产　　B. 多步骤生产

C. 单件生产　　D. 大批生产

2. 制造企业的生产，按其生产组织特点可以分为（　　）。

A. 单步骤生产　　B. 多步骤生产

C. 单件生产　　D. 大批生产

3. 企业应当以（　　）确定适合本企业的产品成本计算方法。

A. 经营特点和管理要求　　B. 职工人数多少

C. 生产规模的大小分步法　　D. 生产车间的多少

4. 区分各成本计算方法的主要标志是（　　）。

A. 成本计算对象

B. 成本计算日期

C. 间接费用的分配方法

D. 完工产品与在产品之间分配费用的方法

5. 大量大批生产的企业，可能采用的产品成本计算的方法有（　　）。

A. 品种法　　B. 分批法

C. 分步法　　D. 分类法

第6章

产品成本计算的品种法

学习目标

◇ 了解品种法的特点；
◇ 熟悉品种法的核算程序；
◇ 通过核算，掌握品种法的具体应用。

6.1 品种法的基本内容

6.1.1 品种法的特点

产品成本计算的品种法是以全厂（或某一封闭式车间）所生产的产品作为成本计算对象，归集生产费用，计算产品成本的一种方法。它适用于大量大批单步骤生产的企业，如发电、采掘等行业，以及封闭式的生产车间，如辅助生产的供水、供电、供气等车间，以及管理上不需要分步骤计算成本的多步骤的大量、大批生产，如管理上只要求提供最终产品成本的糖果厂、小砖瓦厂、小水泥厂、小瓷厂等。

运用品种法的企业，从生产的工艺特点看属于单步骤生产，从产品的生产组织特点看属于大量大批生产，这种生产类型决定了品种法在成本计算对象、成本计算期和生产费用分配方面具有如下特点：

（1）品种法的成本计算对象为产品品种，即，企业大部分生产费用按企业最终产品的品种归集。如果企业只生产一种产品，那么，企业发生的各项生产费用都是直接费用，可直接计入产品成本计算单，这时，成本项目或多或少地具有生产费用要素的性质；如果企业生产的产品不止一种，那么，生产产品直接发生的费用，可直接计入各成本计算对象的产品成本计算单，生产产品的间接费用，则需采用一定的分配方法分配计入各产品的成本。

（2）品种法的成本计算期一般按月进行。因为大量大批生产意味着不断投入不断产出，很难确定产品的生产周期，故而把日历月份作为成本计算期。

（3）采用品种法计算产品成本，一般不存在生产费用在完工产品与月末在产品之间分配的问题。从品种法的适用范围看，采用品种法的企业，其产品的生产周期较短，月末可能没有在产品，或有在产品，但数量很少，对产品成本影响不大，这时，可不计算其成本。那么，汇集和分配计入该产品成本计算单的生产费用，即为该产品的总成本，除以产量，就是该产品的平均单位成本。但在多步骤生产，管理上又不要求提供各步骤的成本的情况下，一般要考虑在产品，需将生产费用在完工产品与月末在产品之间进行分配。

6.1.2　品种法成本核算程序

品种法的计算程序

采用品种法计算产品成本的一般程序如下：

（1）按产品品种设立成本计算单（或开设生产成本明细账），并分别成本项目设置专栏。

（2）编制各种费用要素分配汇总表。月末，审核有关凭证，并根据各项生产费用的原始凭证和其他有关资料，编制各项费用要素分配表，将直接费用按各种产品列示并据以计入各种产品成本计算单，将间接费用按其生产地点归集，然后按一定比例分配计入各种产品成本计算单。

（3）月末，汇总各成本计算单上所汇集的全部费用，扣除月末在产品（若存在）成本，即为产成品总成本，除以产量，则为该产品的单位成本。

6.2 品种法举例

【例6－1】某企业设有一个制造车间，大量生产甲、乙两种产品，还设有一个机修辅助生产车间。该企业根据生产特点和成本管理的要求，采用品种法计算产品成本，设置“直接材料”“直接人工”“制造费用”三个成本项目。该企业6月份有关产品产量及成本资料如表6－1～表6－4所示。

表6－1　　月初在产品成本

20××年6月　　单位：元

产品品种	直接材料	直接人工	制造费用	合计
甲产品	38 000	8 000	12 600	58 600
乙产品	44 000	1 400	18 000	63 400

表6－2　　产量资料

20××年6月　　单位：件

项目	甲产品	乙产品
期初在产品	120	80
本月投产	680	260
本月完工	650	240
月末在产品	150	100

甲、乙两产品月末在产品完工程度为50%。

表6－3　　工时记录　　单位：小时

项目		生产工时	修理工时
制造车间	甲产品	2 480	
	乙产品	1 650	
	一般		12 800
企业行政管理部门			10 100

表6－4　　　　本月生产费用资料　　　　单位：元

费用要素	用途						
	甲产品生产用	乙产品生产用	甲乙产品共同用	基本生产一般用	辅助生产用	辅助生产一般用	合计
原材料	224 000	160 000	364 000	2 300		1 100	751 400
职工薪酬——工资			83 240	6 460	20 650	3 460	113 810
职工薪酬——福利费			11 653.60	904.40	2 891	484.40	15 933.40
折旧费				37 600		13 800	51 400
外购动力费				48 400		13 000	61 400
长期待摊费用				10 600		1 400	12 000
办公费及其他				38 000		4 500	42 500

材料系开工时一次投入，甲、乙两种产品共同耗用的材料按直接材料比例分配。制造车间生产工人工资、制造费用均按生产工时比例分配。辅助生产车间费用按修理工时比例分配。甲、乙两产品采用约当产量法计算完工产品成本和月末在产品成本。

根据上述有关资料，甲、乙两产品成本计算过程如下：

（1）以甲、乙两产品为成本计算对象分别设立成本计算单。

（2）根据审核过的领料凭证，按用途编制原材料费用分配表，如表6－5、表6－6所示。

表6－5　　　　产品共同耗用材料分配表

20××年6月　　　　金额单位：元

产品名称	分配标准	分配率	分配金额
甲产品	224 000	$\frac{364\ 000}{384\ 000}=0.947917$	212 333.33
乙产品	160 000	$\frac{364\ 000}{384\ 000}=0.947917$	151 666.67
合计	384 000	0.947917	364 000

表 6－6　　　　材料费用分配表

20××年6月　　　　单位：元

应贷科目	应借科目				
	生产成本——基本生产成本		制造费用		合计
	甲产品	乙产品	基本生产	辅助生产	
原材料	436 333.33	311 666.67	2 300	1 100	751 400
合计	436 333.33	311 666.67	2 300	1 100	751 400

根据表6－6材料费用分配表编制会计分录如下：

借：生产成本——基本生产成本——甲产品　436 333.33

——乙产品　311 666.67

制造费用——基本生产　2 300

——辅助生产（修理车间）　1 100

贷：原材料　751 400

（3）根据本月工资结算汇总表与规定的14%的职工福利费的提取比例，编制职工薪酬费用分配表，如表6－7所示。

表 6－7　　　　职工薪酬费用分配汇总表

20××年6月　　　　单位：元

应贷科目		应借科目						
		生产成本——基本生产成本			生产成本——辅助生产成本	制造费用		合计
						基本生产	辅助生产	
		甲产品	乙产品	小计				
工资	分配标准	2 480	1 650	4 130				
	分配率	20.15496	20.15496	20.15496				
	分配金额	49 984.31	33 255.69	83 240	20 650	6 460	3 460	113 810
福利费		6 997.80	4 655.80	11 653.60	2 891	904.4	484.4	15 933.40

根据表6－7职工薪酬费用分配汇总表登记总账及有关明细分类账，编制会计分录如下：

借：生产成本——基本生产——甲产品　49 984.31

——乙产品　33 255.69

——辅助生产成本——修理车间　20 650

制造费用——基本生产　6 460

——修理车间　3 460

贷：应付职工薪酬——工资 113 810

借：生产成本——基本生产——甲产品 6 997.80

——乙产品 4 655.80

——辅助生产成本——修理车间 2 891

制造费用——基本生产 904.40

——修理车间 484.40

贷：应付职工薪酬——福利费 15 933.40

（4）分配固定资产折旧费用，如表6-8所示。

表6-8　固定资产折旧费用分配表

20××年6月　　单位：元

应贷科目	应借科目		
	制造费用		合计
	基本生产	修理车间	
累计折旧	37 600	13 800	51 400

根据表6-8固定资产折旧费用分配表编制会计分录如下：

借：制造费用——基本生产 37 600

——修理车间 13 800

贷：累计折旧 51 400

（5）根据有关记录编制外购动力分配表，如表6-9所示。

表6-9　外购动力费分配表

20××年6月　　单位：元

应贷科目	应借科目		
	制造费用		合计
	基本生产	修理车间	
银行存款	48 400	13 000	61 400

根据表12-9外购动力费分配表，编制会计分录如下：

借：制造费用——基本生产 48 400

——修理车间 13 000

贷：银行存款 61 400

（6）编制长期待摊费用分配表，如表12-10所示。

表 6－10　　　　长期待摊费用分配表

20××年 6 月　　　　单位：元

应贷科目	应借科目		
	制造费用		合计
	基本生产	修理车间	
长期待摊费用	10 600	1 400	12 000

根据表 6－10 长期待摊费用分配表编制会计分录如下：

借：制造费用——基本生产　　10 600

　　　　　　——修理车间　　1 400

　贷：长期待摊费用　　12 000

（7）根据有关资料编制办公费及其他费用分配表，如表 6－11 所示。

表 6－11　　　　其他费用分配汇总表

20××年 6 月　　　　单位：元

应贷科目	应借科目		
	制造费用		合计
	基本生产	修理车间	
银行存款	38 000	4 500	42 500

根据表 6－11 其他费用分配汇总表编制会计分录如下：

借：制造费用——基本生产　　38 000

　　　　　　——修理车间　　4 500

　贷：银行存款　　42 500

（8）根据上述有关费用分配表登记修理车间制造费用明细账。见表 6－12。

表 6－12　　　　制造费用明细账

车间名称：修理车间　　　　单位：元

20××年		摘要	材料费	应付职工薪酬——工资	应付职工薪酬——福利费	折旧费	外购动力费	长期待摊费用	办公费	合计
月	日									
6	30	根据材料费用分配表	1 100							1 100

续表

20××年		摘要	材料费	应付职工薪酬——工资	应付职工薪酬——福利费	折旧费	外购动力费	长期待摊费用	办公费	合计
月	日									
		根据职工薪酬分配表		3 460	484.40					3 944.40
		根据折旧费分配表				13 800				13 800
		根据外购动力费分配表					13 000			13 000
		根据长期待摊费用分配表						1 400		1 400
		根据其他费用分配表							4 500	4 500
		合计	1 100	3 460	484.40	13 800	13 000	1 400	4 500	37 744.40
		本月转出	1 100	3 460	484.40	13 800	13 000	1 400	4 500	37 744.40

根据表 6－12 作转账会计分录如下：

借：生产成本——辅助生产——修理车间　　37 744.40

　　贷：制造费用——修理车间　　　　　　37 744.40

（9）根据上述有关费用分配表登记修理车间生产成本明细账，如表 6－13 所示。

表 6－13　　　　　　辅助生产成本明细账

车间名称：修理车间　　　　20××年 6 月　　　　单位：元

20××年		摘要	直接材料	直接人工	制造费用	合计
月	日					
6	30	根据职工薪酬分配表	—	23 541		23 541
		根据制造费用明细账			37 744.40	37 744.40
		合计		23 541	37 744.40	61 285.40
		本月转出		23 541	37 744.40	61 285.40

（10）修理车间辅助生产成本明细账中所归集的费用，用直接分配法分配，编制辅助生产费用分配表，如表 6－14 所示。

表 6－14 **辅助生产费用分配表**

20××年 6 月 单位：元

项目		应借科目		
		制造费用（基本生产）	管理费用	合计
修理车间	耗用量（小时）	12 800	10 100	22 900
	分配率（元/小时）			2.6762
	分配金额	34 255.59	27 029.81	61 285.40

根据表 6－14 辅助生产费用分配表，编制修理车间费用分配会计分录如下：

借：制造费用——基本生产 34 255.59

管理费用 27 029.81

贷：生产成本——辅助生产成本——修理车间

61 285.40

（11）根据前述生产费用的归集和分配资料，汇集和分配基本生产车间的制造费用。制造费用的汇集可通过登记制造费用明细账来进行；制造费用的分配是通过编制制造费用分配表进行的。基本生产车间制造费用明细账和制造费用分配表的格式及内容如表 6－15、表 6－16 所示。

表 6－15 **制造费用明细账**

车间名称：基本生产车间 20××年 6 月 单位：元

20××年		摘要	材料费	应付职工薪酬——工资	应付职工薪酬——福利费	折旧费	外购动力费	长期待摊费用	办公费	修理费	合计
月	日										
6	30	根据材料费用分配表	2 300								2 300
		根据职工薪酬分配表		6 460	904.40						7 364.00
		根据折旧费分配表				37 600					37 600
		根据外购动力费分配表					47 400				48 400
		根据长期待摊费用分配表						10 600			10 600

续表

20××年		摘要	材料费	应付职工薪酬——工资	应付职工薪酬——福利费	折旧费	外购动力费	长期待摊费用	办公费	修理费	合计
月	日										
6	30	根据其他费用分配表							38 000		38 000
		根据辅助生产费用分配表								34 255.59	34 255.59
		合计	2 300	6 460	904.40	37 600	47 400	10 600	38 000	34 255.59	178 519.99
		本月转出	2 300	6 460	904.40	37 600	47 400	10 600	38 000	34 255.59	178 519.99

表 6－16　　　　　　　　制造费用分配表

20××年 6 月

应借科目		分配标准（生产工时）	分配率（元/小时）	分配金额（元）
生产成本——基本生产成本	甲产品	2 480	178 519.99	107 198.44
	乙产品	1 650	4 130	71 321.55
	合计	4 130	43.225179	178 519.99

根据表 6－16 制造费用分配表，编制会计分录如下：

借：生产成本——基本生产成本——甲产品 107 198.44

　　　　　　　　　　　　　　——乙产品　71 321.55

　　贷：制造费用——基本生产　　　　　　178 519.99

（12）计算产成品的总成本与单位成本。甲、乙两产品成本计算单如表 6－17、表 6－18 所示。

表 6－17　　　　　　　　产品成本计算单

本月完工：650 件

月末在产品：150 件

产品名称：甲产品　　　　　　20××年 6 月　　　　　　单位：元

摘要	直接材料	直接人工	制造费用	合计
月初在产品成本	38 000	8 000	12 600	58 600
本月生产费用	436 333.33	56 982.11	107 198.44	600 513.88
生产费用合计	474 333.33	64 982.11	119 798.44	659 113.88
期末在产品成本	88 937.50	6 722.29	12 392.94	108 052.73
产成品总成本	385 395.83	58 259.82	107 405.50	551 061.15
单位成本	592.92	89.63	165.24	847.79

期末在产品成本计算过程如下：

$$期末在产品直接材料成本=\frac{474\ 333.33}{650+150}\times150=88\ 937.50（元）$$

$$期末在产品直接人工成本=\frac{64\ 982.11}{650+150\times50\%}\times150\times50\%=6\ 722.94（元）$$

$$期末在产品制造费用=\frac{119\ 789.44}{650+150\times50\%}\times150\times50\%=12\ 392.94（元）$$

表 6－18　　　　产品成本计算单

本月完工：240 件
月末在产品：100 件

产品名称：乙产品　　　　20××年6月　　　　单位：元

摘要	直接材料	直接人工	制造费用	合计
月初在产品成本	44 000	1 400	18 000	63 400
本月生产费用	311 666.67	37 911.49	71 321.55	420 899.71
生产费用合计	355 666.67	39 311.49	89 321.55	484 299.71
期末在产品成本	104 607.84	6 777.84	15 400.27	126 785.95
产成品总成本	251 058.83	32 533.65	73 921.28	357 513.76
单位成本	1 046.08	135.56	308.01	1 489.65

乙产品成本计算中“期末在产品成本”项目的计算过程同甲产品。

根据甲、乙两产品成本计算单，结转完工产品成本、账务处理如下：

借：库存商品——甲产品　　551 061.15
　贷：生产成本——基本生产成本——甲产品　　551 061.15
借：库存商品——乙产品　　357 513.76
　贷：生产成本——基本生产成本——乙产品　　357 513.76

本章小结

1. 品种法是以全厂（或某一封闭式车间）所生产的产品作为成本计算对象，来归集生产费用，计算产品成本的一种方法。它适用于大量大批单步骤生产的企业，如发电、采掘等行业，以及封闭式的生产车间，如辅助生产的供水、供电、供气等车间，以及管理上不需要分步骤计算成本的多步骤的大量、大批生产。

2. 品种法的成本计算对象为产品品种，即企业大部分生产费用按企业最终产品的品种归集。

3. 品种法的成本计算期一般按月进行。

4. 采用品种法计算产品成本，一般不存在生产费用在完工产品与月末在产品之间分配的问题。但在多步骤生产，管理上又不要求提供各步骤的成本的情况下，一般要考虑在产品，需将生产费用在完工产品与月末在产品之间进行分配。

5. 品种法成本核算程序一般包括按产品品种设立成本计算单(或开设生产成本明细账)，并分别成本项目设置专栏；编制各种费用要素分配汇总表，月末，将各种费用按一定比例分配记入各种产品成本计算单；月末，汇总各成本计算单上所汇集的全部费用，扣除月末在产品（若存在）成本，即为产成品总成本，除以产量，则为该产品的单位成本。

本章关键术语

品种法。

本章综合复习题

一、思考题

1. 简述品种法的含义及其特点。
2. 品种法适用于怎样生产的企业？
3. 品种法成本核算程序一般包括哪些内容？

二、选择题

1. 品种法是产品成本计算的（　　）。

A. 主要方法　　B. 重要方法
C. 最基本方法　　D. 最一般方法

2. 品种法适用于（　　）。

A. 大量大批的单步骤生产
B. 大量大批的多步骤生产
C. 管理上不要求分步计算成本的多步骤生产
D. 小批、单件，管理上不要求分步骤计算成本的多步骤生产

3. 产品成本计算的品种法，是按照产品的（　　）归集生产费用，计算产品成本的一种方法。

A. 步骤　　B. 工艺
C. 品种　　D. 管理要求

4. 运用品种法的企业，从生产的工艺特点看属于单步骤生产，从产品的生产组织特点看属于（　　）生产。

A. 大量、大批、单步骤

B. 不需要分步骤计算成本的多步骤大量、大批

C. 分步骤

D. 分批

三、判断题

1. 由于每个工业企业最终都必须按照产品品种计算成本，因而品种法适用所有工业企业，应用范围最广泛。（　）

2. 品种法的成本计算对象为产品品种，即企业大部分生产费用按企业最终产品的品种归集。（　）

3. 品种法计算产品成本，一般不存在生产费用在完工产品与月末在产品之间分配的问题。（　）

4. 从品种法的适用范围看，采用品种法的企业，其产品的生产周期较短，月末可能没有在产品，或有在产品，但数量很少，对产品成本影响不大，这时，可不计算其成本。（　）

5. 品种法的成本计算期一般按月进行。因为大量大批生产意味着不断投入不断产出，很容易确定产品的生产周期，故而把日历月份作为成本计算期。（　）

四、核算题

［资料］某企业设一个基本生产车间和一个辅助生产车间（机修车间）。基本生产车间生产甲、乙两种产品，采用品种法计算产品成本。辅助生产车间的制造费用不通过“制造费用”科目核算。6 月份生产车间发生的经济业务如下：

（1）基本生产车间领用材料 40 000 元，其中，直接用于甲产品生产的 A 材料 10 800 元，直接用于乙产品生产的 B 材料 18 000 元，甲、乙产品共同耗用的 C 材料 10 000 元（按甲、乙产品的定额消耗量比例进行分配，甲产品的定额消耗量为 440 公斤，乙产品的定额消耗量为 560 公斤），车间一般消耗 1 200 元；辅助生产车间领用材料 2 300 元；共计 42 300 元。

（2）结算本月应付职工工资，其中，基本生产车间的工人工资 16 000 元（按甲、乙产品耗用的生产工时比例分配，甲产品生产工时为 300 小时，乙产品生产工时为 500 小时），车间管理人员工资 2 500 元，辅助生产车间职工工资 1 500 元，共计 20 000 元。

（3）按照工资额的 14% 计提职工福利费。

（4）计提固定资产折旧费。基本生产车间月初在用固定资产原值 100 000 元，辅助生产车间月初在用固定资产原值 40 000 元；月折旧率为 1%。

（5）基本生产车间和辅助生产车间发生的其他支出分别为 1 200

元和 600 元，均通过银行办理转账结算。

（6）辅助生产车间（机修车间）提供劳务 2 515 小时，其中为基本生产车间提供劳务 2 000 小时，为管理部门提供劳务 515 小时。

（7）基本生产车间的制造费用按生产工时比例在甲、乙产品之间进行分配。

（8）甲产品各月在产品数量变化不大，生产费用在完工产品与在产品之间的分配，采用在产品按固定成本计价法。乙产品原材料在生产开始时一次投入，原材料费用按完工产品数量和月末在产品数量的比例进行分配，职工薪酬和制造费用采用约当产量比例法进行分配。乙产品本月完工产品 100 件，月末在产品 50 件，完工率为 50%。甲产品月初在产品成本为 9 500 元，其中，原材料费用 4 000 元，职工薪酬 1 200 元，制造费用 4 300 元；乙产品月初在产品成本为 14 500 元，其中，原材料费用 6 000 元，职工薪酬 3 500 元，制造费用 5 000 元。

要求：按照产品成本计算的品种法进行核算。

1. 编制各项要素费用分配的会计分录。

2. 编制辅助生产费用分配的会计分录。

3. 编制结转基本生产车间制造费用的会计分录。

4. 计算并填列甲、乙产品成本明细账，计算甲、乙产品成本。

5. 编制结转入库产成品成本的会计分录。

第 7 章 产品成本计算的分批法

学习目标

◇ 了解分批法的特点；
◇ 熟悉分批法的核算程序；
◇ 通过核算，掌握分批法的具体应用。

7.1 分批法的基本内容

分批法是按照产品批别作为成本计算对象归集生产费用并计算产品成本的一种方法。它一般适用于单件、小批多步骤生产，如重型机械、船舶、精密仪器和专用设备的制造，以及主要产品生产之外的新产品的试制、来料加工、自制设备、修理作业等。另外，某些单步骤生产的企业或车间，如果也按小批单件组织生产，管理上又要求分批计算成本，也可采用分批法。

7.1.1 分批法的特点

分批法的特点归纳如下：

1. 分批法的成本计算对象是产品的批别

在单件小批生产的企业，生产活动基本上是按照购买单位的定单作为不同批别进行组织的，因此，分批法也称定单法。但是，一张定单和一个批别并非同一概念。如果一张定单中产品不止一种，为便于生产管理，考核和分析各种产品成本计划的完成情况，可按产品品种划分批别组织生产并计算成本。如果在同一时期，不同定单内有相同的产品，而且数量不多，为了经济合理地组织生产，可以将不同定单上的相同产品合为一批组织生产，计算成本。另外，如果一种产品定货数量较大，而且用户要求分批交货时，也可分为数批组织生产，计算成本。

2. 分批法以每批（或每件）产品的生产周期为成本计算期

由于产品的交货期要视合同要求而定，因此，产品成本计算期是不定期的，与会计核算期间不一定相同。但采用分批法计算产品成本时，各批产品发生的费用也是按月归集的。

3. 分批法计算产品成本一般不存在生产费用在完工产品和在产品之间分配的问题

如果是单件生产，在产品完工以前，成本计算单中所记费用为产品成本，产品完工时，其所记费用，则为产品总成本。如果为小批生产，月末计算成本时，往往已全部完工，或者全部未完工，这时通常也不需要在完工产品和在产品之间分配费用。但在批量稍大，跨月陆续完工交货时，则有必要计算完工产品和月末在产品成本，以便计算先交货的成本。通常做法是对先完工部分按计算单位成本或定额单位成本或最近一期相同产品的实际单位成本计价，从该批产品成本计算单中转出，剩下的即为该批产品在产品的成本。在该批成本全部完工时，另行计算该批产品实际总成本与单位成本，但对原来计算出的产品成本，不作账面调整，若批内产品跨月完工的数量较多，则应采用适当的方法在完工产品与在产品之间分配费用。

7.1.2 分批法成本核算程序

采用分批法计算产品成本，可按以下三个步骤进行。

1. 按照批次设置生产成本明细账

采用分批法计算产品成本的企业，生产成本的计算，除了按照基本生产环节设置明细账外，还要按批号（生产令号）设置成本明细账（即产品成本计算单）。

如果企业按产品批别组织生产，在产品投产时，生产计划部门要发出“生产通知单”，将生产任务命令下达生产车间，并通知会计部门。会计部门应根据产品批号，开立成本计算单，单内按成本项目归集生产费用，计算本批产品的成本，成本计算单的开立和结账，应与生产通知单的签发和结束协调一致，以保证各批产品成本计算的正确性。

2. 归集和分配生产费用

将各批产品的直接费用，按照批号或工作令号直接汇总记入各批产品成本计算单内，将发生的间接费用按照一定的标准在各批产品之间进行分配，编制各种费用汇总分配表，登记成本计算单。

3. 完工产品成本的计算

产品完工月份，计算该批产品自开工之日起所发生的总成本和单位成本，并结转产品成本。

分批法成本核算程序，如图 7－1 所示。

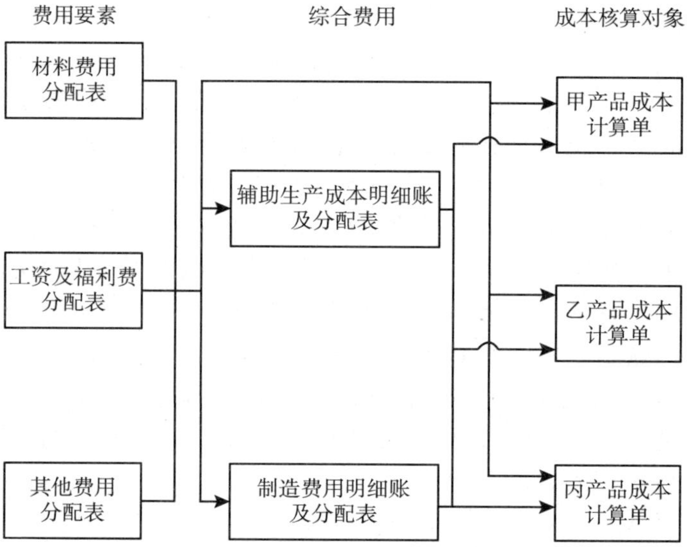

图 7－1　分批法成本核算程序

7.2　分批法应用举例

【例 7－1】 设某厂生产甲、乙、丙、丁、戊等产品。该厂设有一个基本生产车间，根据客户的要求按定单分批组织生产，其成本计算采用分批法。20××年 7 月有关成本计算资料，如表 7－1、表 7－2 所示。

表 7－1　　　　**月初在产品成本**

批号	产品名称	批量（件）	直接材料（元）	直接人工（元）	制造费用（元）
16－01	甲	60	21 180	2 670	9 750
16－02	乙	20	13 466	1 634	5 668
16－03	丙	30	17 385	5 250	18 225

表 7－2　　　　**本月发生费用及工时资料**

批号	产品名称	原材料（计划成本）（元）	实用工时	生产工人工资（元）
16－01	甲	9 000	6 000	
16－02	乙	5 334	4 666	
16－03	丙	—	6 750	
16－04	丁	15 000	20 000	
16－05	戊	10 000	6 000	
合计	—	39 334	43 416	25 000

另知，材料成本差异率为－3%，16－04，16－05 为本月新投入生产的产品，批量分别为 50 台和 80 台。本月共发生制造费用 95 000 元。本月 16－01、16－03、16－05 批号已全部完工交库，其余批号尚未完工。

根据上述资料，该厂 20××年 7 月成本计算如下：

月末根据领料单、工资结算单及有关资料编制材料费用分配表、职工薪酬分配表、制造费用分配表。如表 7－3～表 7－5 所示。

表 7－3　　　　**材料费用分配表**

20××年 7 月　　　　单位：元

科目		原材料		
		计划成本	成本差异（差异率－3%）	实际成本
生产成本——基本生产成本	甲	9 000	－270	8 730
	乙	5 334	－160.02	5 173.98
	丙	—	—	—
	丁	15 000	－450	14 550
	戊	10 000	－300	9 700
合计		39 334	－1 180.02	38 153.98

根据表 7－3 材料费用分配表编制会计分录如下：

借：生产成本——基本生产成本——甲　　9 000
　　　　　　　　　　　　　　——乙　　5 334
　　　　　　　　　　　　　　——丁　　15 000
　　　　　　　　　　　　　　——戊　　10 000
　贷：原材料　　39 334

借：生产成本——基本生产成本——甲　　270.00
　　　　　　　　　　　　　　——乙　　160.02
　　　　　　　　　　　　　　——丁　　450.00
　　　　　　　　　　　　　　——戊　　300.00
　贷：材料成本差异　　1 180.02

表 7－4　　职工薪酬分配表

20××年 7 月　　　　金额单位：元

应借科目		应贷科目			
		应付职工薪酬——工资			应付职工薪酬——福利费（按 14% 提取）
		分配标准	分配率	分配金额	
生产成本——基本生产成本	甲	6 000		3 454.95	483.69
	乙	4 666		2 686.80	376.15
	丙	6 750	$\frac{25\ 000}{43\ 416}=0.5758$	3 886.82	544.15
	丁	20 000		11 516.48	1 612.32
	戊	6 000		3 454.95	483.69
合计		43 416	0.5758	25 000	3 500.00

根据表 7－4 职工薪酬分配表，编制会计分录如下：

借：生产成本——基本生产成本——甲　　3 454.95
　　　　　　　　　　　　　　——乙　　2 686.80
　　　　　　　　　　　　　　——丙　　3 886.82
　　　　　　　　　　　　　　——丁　　11 516.48
　　　　　　　　　　　　　　——戊　　3 454.95
　贷：应付职工薪酬——工资　　25 000.00

借：生产成本——基本生产成本——甲　　483.69
　　　　　　　　　　　　　　——乙　　376.15

——丙　　544.15

——丁　　1 612.32

——戊　　483.69

贷：应付职工薪酬——福利费　　3 500

表 7－5　　**制造费用分配表**

20××年 7 月　　金额单位：元

应贷科目		应借科目 生产成本——基本生产成本					
		甲	乙	丙	丁	戊	合计
制造费用	分配标准	6 000	4 666	6 750	20 000	6 000	43 416
	分配率						2.1881
	分配金额	13 128.80	10 209.82	14 769.90	43 762.68	13 128.80	95 000

根据表 7－5 制造费用分配表，编制会计分录如下：

借：生产成本——基本生产成本——甲　　13 128.80

——乙　　10 209.82

——丙　　14 769.90

——丁　　43 762.68

——戊　　13 128.80

贷：制造费用——基本生产　　95 000.00

根据表 7－3、表 7－4、表 7－5 材料费用分配表、职工薪酬分配表、制造费用分配表，登记各产品的产品成本计算单，如表 7－6、表 7－7、表 7－8、表 7－9、表 7－10 所示。

表 7－6　　**产品成本计算单**

批号：16－01　　开工日期：20××年 6 月

产品名称：甲产品　　完工日期：20××年 7 月 20 日

产量：60 件　　单位：元

年		摘要	直接材料	直接人工	制造费用	合计
月	日					
6	30	期初余额	21 180	2 670	9 750	33 600
7	31	本月发生额	8 730	3 938.64	13 128.80	25 797.44
		总成本	29 910	6 608.64	22 878.80	59 397.44
		单位成本	498.50	110.14	381.31	989.95

表 7－7　　产品成本计算单

批号：16－02　　开工日期：20××年6月

产品名称：乙产品　　完工日期：20××年×月

产量：20件　　单位：元

年		摘要	直接材料	直接人工	制造费用	合计
月	日					
6	30	期初余额	13 466	1 634	5 668	20 768
7	31	本月发生额	5 173.98	3 062.95	10 209.82	18 446.75
		合计	18 639.98	4 696.95	15 877.82	39 214.75

表 7－8　　产品成本计算单

批号：16－03　　开工日期：20××年6月

产品名称：丙产品　　完工日期：20××年7月28日

产量：30件　　单位：元

年		摘要	直接材料	直接人工	制造费用	合计
月	日					
6	30	期初余额	17 385	5 250	18 225	40 860
7	31	本月发生额	—	4 430.97	14 769.90	60 060.87
		总成本	17 385	9 680.97	32 994.90	19 200.87
		单位成本	579.50	322.67	1 099.83	2 002.00

表 7－9　　产品成本计算单

批号：16－04　　开工日期：20××年7月

产品名称：丁产品　　完工日期：20××年×月

产量：50台　　单位：元

年		摘要	直接材料	直接人工	制造费用	合计
月	日					
7	31	本月发生额	14 550	13 128.81	43 762.68	61 441.49
		完工5台按计划成本转出	1 500	315	4 380	6 195
		月末在产品余额	13 050	12 813.81	39 382.68	55 246.49

注：丁产品直接材料计划单位成本为300元，直接人工单位成本63元，制造费用单位成本876元，合计1 239元。

表 7－10 **产品成本计算单**

批号：16－05 开工日期：7 月 1 日

产品名称：戊产品 完工日期：7 月 30 日

产量：80 台 单位：元

年		摘要	直接材料	直接人工	制造费用	合计
月	日					
7	31	本月发生额	9 700	3 938. 64	13 128. 80	26 767. 44
		总成本	9 700	3 938. 64	13 128. 80	26 767. 44
		单位成本	121. 25	49. 23	164. 11	334. 59

根据各完工批号的产品成本计算单，编制产品成本计算表，如表 7－11 所示。

表 7－11 **产品成本计算表**

20××年 7 月 单位：元

成本项目	甲产品 60 件		丙产品 30 件		丁产品 5 台		戊产品 80 台	
	总成本	单位成本	总成本	单位成本	总成本	单位成本	总成本	单位成本
直接材料	29 910	498. 50	17 385	579. 50	1 500	300	9 700	121. 25
直接人工	6 608. 64	110. 14	9 680. 97	322. 67	315	63	3 938. 64	49. 23
制造费用	22 878. 80	381. 31	32 994. 90	1 099. 83	4 380	876	13 128. 80	164. 11
合计	59 397. 44	989. 95	60 060. 87	2 002. 00	6 195	1 239	26 767. 44	334. 59

7.3 简化的分批法

简化的分批法

在小批单件生产的企业或车间中，同一月份内投产的产品批数往往很多，有的多至几十批，甚至几百批。在这种情况下，各种间接计入费用在各批产品之间按月进行分配的工作就极为繁重。因此，在投产批数繁多而且月末未完工批数较多的企业（例如属于这种情况的机械修配厂）中，还可以采用一种不分批计算在产品成本的分批法，也就是简易分批法。

7.3.1 简易分批法的计算程序

简易分批法的计算程序具体如下：

（1）设置基本生产成本二级账，账内除成本项目外，设生产工时专栏，登记全部产品（即各批次产品之和）各成本项目累计生产费用以及累计工时。

（2）按批号设基本生产成本明细账，该账与二级账平行登记该批次产品的月初基本月累计直接费用和生产工时。

（3）月末，如果有完工产品，应根据基本生产成本二级账中的累计间接费用和累计生产工时，计算累计间接计入费用分配率。计算公式如下：

$$\frac{\text{全部产品某项累计}}{\text{间接计入费用分配率}}=\frac{\text{全部产品累计该项间接计入费用}}{\text{全部产品累计工时}}$$

（4）根据各批完工产品的累计生产工时和累计间接计入费用分配率，计算各批完工产品应分配的某项间接费用，将其汇总，计算出完工产品的成本。计算公式如下：

$$\text{某批完工产品应负担的某项间接计入费用}=\text{该批完工产品累计工时}\times\text{全部产品某项累计间接计入费用分配率}$$

（5）将计算出的产成品成本从二级账和明细账中转出，本月未完工的产品，本月不分配间接费用，仍保留在二级账中。只有该批产品完工的月份，才计算完工产品成本。在产品成本的总额反映在二级账中。在明细账中，当有完工产品的月份时，除登记直接计入费用和直接工时外，还应根据二级账中的累计间接费用分配率计算结果登记间接费用。

（6）根据各批产品基本生产成本明细账中登记的完工产品生产工时和应负担的间接计入费用，汇总登记二级账中应转出的完工产品成本和生产工时数。二级账中直接费用、生产工时由各批号基本生产成本明细账汇总而来，二级账中的间接费用可由累计间接计入分配率计算登记，也可由各批号基本生产成本明细账汇总登记。

7.3.2 简易分批法的特点

在简易分批法或称简化分批法下，每月发生的各项间接计入费用，不需逐月在各批产品之间进行分配，而是将这些费用先分别累计起来，等到有完工产品的月份，用各批产品的累计工时和各项累计费用相比，求出累计分配率，再用累计分配率乘以完工产品的累计工时，求得完工产品应负担的间接计入费用，未完工产品不分配结转费用。

7.3.3 简易分批法举例

现举例说明简易分批法下成本计算的程序。

【例 7－2】 假定某工业企业小批生产多种产品，为了简化产品成本计算工作，采用简化的分批法计算成本。该企业 9 月（本月）生产情况如表 7－12 所示。

表 7－12　企业生产情况

月份	批号	批量（件）	生产情况	本月耗用工时（小时）
8 月	0803	14	上月投产完工 4 件，本月完工 10 件	600
	0804	50	上月投产均在本月完工	1 200
	0805	100	上月投产本月完工 80 件，月末在产品 20 件	1 000
9 月	0901	20	本月投产本月全部完工	1 200
	0902	60	本月投产本月完工 40 件，月末在产品 20 件	4 000
	0903	80	本月投产均未完工	2 000

另知，原材料在投产时一次投入，在产品完工率为 50%。本月发生的人工费用合计为 5 000 元，制造费用 8 000 元；月初在产品直接人工为 1 000 元，制造费用为 1 600 元。根据上述条件，产品成本的计算过程如下：

（1）根据原始凭证或原始记录把各批产品本月耗用的直接费用和工时登入直接费用和工时耗用登记簿，如表 7－13 所示。

表 7－13　直接费用和工时耗用登记簿　　金额单位：元

摘要	0803		0804		0805		0901		0902		0903		合计	
	材料	工时	材料	工时	材料	工时	材料	工时	材料	工时	材料	工时	材料	工时
月初	1 000	400	3 000	800	5 000	800							9 000	2 000
本月	—	600	—	1 200	—	1 000	1 600	1 200	5 400	4 000	5 600	2 000	12 600	10 000
累计	1 000	1 000	3 000	2 000	5 000	1 800	1 600	1 200	5 400	4 000	5 200	2 000	21 600	12 000
转出	1 000	1 000	3 000	2 000	4 000	1 600	1 600	1 200	3 600	3 200	—	—	13 200	9 000

（2）根据有关凭证和原始记录汇总登记基本生产成本二级账，

并计算出累计间接计入费用分配率及本月完工产品转出的费用，如表7－14所示。

表7－14　　　　基本生产成本二级账

20××年9月　　　　金额单位：元

摘要	直接材料	工时	直接人工	制造费用	合计
月初在产品	9 000	2 000	1 000	1 600	11 600
本月发生	12 600	10 000	5 000	8 000	25 600
累计	21 600	12 000	6 000	9 600	37 200
全部产品累计间接					
计入费用分配率			0.5	0.8	
本月完工转出	13 200	9 000	4 500	7 200	24 900
月末在产品	8 400	3 000	1 500	2 400	12 300

表中全部产品累计间接计入费用分配率的计算过程如下：

$$全部产品累计人工费用分配率=\frac{6\ 000}{12\ 000}=0.5$$

$$全部产品累计制造费用分配率=\frac{9\ 600}{12\ 000}=0.8$$

（3）根据上述资料编制产品成本计算单，计算各批产品的总成本和单位成本，分别如表7－15～表7－20所示。

表7－15　　　　产品成本计算单

产品批号：0803　　　　产品名称：甲　　　　投产日期：20××年8月10日

订货单位：大华公司　　　　产品批量：14件　　　　完工日期：8月31日完工4件

9月30日完工10件

金额单位：元

20××年 月	日	摘要	直接材料	工时	直接人工	制造费用	合计
8	31	本月发生额	1 000	400			
9	30	本月发生额	—	600			
		累计数及累计间接计入费用分配率	1 000	1 000	0.5	0.8	
		本月转出完工产品成本	1 000	1 000	500	800	2 300
		完工产品单位成本	100	—	50	80	230

表 7－16　　　　　　　　　**产品成本计算单**

产品批号：0804　　　　产品名称：乙　　　　投产日期：20××年 8 月 15 日
订货单位：丽达公司　　产品批量：50 件　　　完工日期：20××年 9 月 30 日
金额单位：元

20××年		摘要	直接材料	工时	直接人工	制造费用	合计
月	日						
8	31	本月发生额	3 000	800			
9	30	本月发生额	—	1 200			
		累计数及累计间接					
		计入费用分配率	3 000	2 000	0.5	0.8	
		本月转出完工产品成本	3 000	2 000	1 000	1 600	5 600
		完工产品单位成本	60	—	20	32	112

表 7－17　　　　　　　　　**产品成本计算单**

产品批号：0805　　　　产品名称：丙　　　　投产日期：20××年 8 月 20 日
订货单位：大禹公司　　产品批量：100 件　　完工日期：9 月 30 日完工 80 件
金额单位：元

20××年		摘要	直接材料	工时	直接人工	制造费用	合计
月	日						
8	31	本月发生额	5 000	800			
9	30	本月发生额	—	1 000			
		累计数及累计间接计入费用分配率	5 000	1 800	0.5	0.8	
		本月转出完工产品成本	4 000	1 600	800	1 280	6 080
		完工产品单位成本	50	10	16	76	
		在产品	1 000	200			

表 7－18　　　　　　　　　**产品成本计算单**

产品批号：0901　　　　产品名称：丁　　　　投产日期：20××年 9 月 5 日
订货单位：三丽公司　　产品批量：20 件　　　完工日期：20××年 9 月 30 日
金额单位：元

20××年		摘要	直接材料	工时	直接人工	制造费用	合计
月	日						
9	30	本月发生额	1 600	1 200			
		累计数及累计间接计入费用分配率	1 600	1 200	0.5	0.8	
		本月转出完工产品成本	1 600	1 200	600	960	3 160
		完工产品单位成本	80		30	80	190

表 7-19　　产品成本计算单

产品批号：0902　　产品名称：戊　　投产日期：20××年9月10日

订货单位：顺达公司　　产品批量：60件　　完工日期：20××年9月30日

完工件数：40

金额单位：元

20××年 月	日	摘要	直接材料	工时	直接人工	制造费用	合计
9	30	本月发生额	5 400	4 000			
		累计数及累计间接计入费用分配率	5 400	4 000	0.5	0.8	
		本月转出完工产品成本	3 600	3 200	1 600	2 560	7 760
		在产品	1 800	800			

表 7-20　　产品成本计算单

产品批号：0903　　产品名称：己　　投产日期：20××年9月25日

订货单位：大华公司　　产品批量：80件　　完工日期：20××年×月×日

金额单位：元

20××年 月	日	摘要	直接材料	工时	直接人工	制造费用	合计
9	30	本月发生额	5 600	2 000			

在上列各批产品成本计算单中，对于有完工产品（包括全批完工或批内部分完工）的月份，除了登记直接材料费用和生产工时，以及各该累计数外，还应根据基本生产成本二级账登记各项累计间接费用的分配率。而对于没有完工产品的月份，则只登记直接材料费用和生产工时即可，其他不再登记，如表7-19所示。

0803、0804、0901批产品，月末全部完工，因此其累计的直接材料费用和生产工时即为完工产品的直接材料费用和生产工时，以其生产工时分别乘以各项累计间接计入费用分配率，即为完工产品的各该间接计入费用。

0805、0902批产品，月末部分完工，部分在产，因此还应在完工产品和月末在产品之间分配费用。现以0805批产品为例，说明分配过程如下：

（1）直接材料费用的分配。因为该产品所耗原材料在生产开始时一次投入，因此直接材料费用按完工产品与月末在产品的数量比例分配。

直接材料费用分配率 $=\frac{5\ 000}{80+20}=50$

完工产品应负担的材料费用 = 80 × 50 = 4 000（元）

在产品应负担的材料费用 = 20 × 50 = 1 000（元）

（2）直接人工及制造费用的分配。因在产品的完工程度为 50%，所以：

在产品的约当产量 = 20 × 50% = 10（件）

生产工时分配率 $=\frac{1\ 800}{80+10}=20$

完工产品耗用的生产工时 = 80 × 20 = 1 600（小时）

在产品耗用的生产工时 = 10 × 20 = 200（小时）

则：

完工产品应负担的人工费用 = 1 600 × 0. 50 = 800（元）

完工产品应负担的制造费用 = 1 600 × 0. 8 = 1 280（元）

完工产品总成本 = 4 000 + 800 + 1 280 = 6 080（元）

本章小结

知识拓展：
分批零件法

1. 分批法，是按照产品批别作为成本计算对象归集生产费用并计算产品成本的一种方法。它一般适用于单件、小批多步骤生产。分批法的特点：分批法的成本计算对象是产品的批别；分批法以每批（或每件）产品的生产周期为成本计算期；分批法计算产品成本一般不存在生产费用在完工产品和在产品之间分配的问题。

2. 分批法成本核算程序：第一，按照批次设置生产成本明细账；第二，将各批产品的直接费用，按照批号或工作令号直接汇总记入各批产品成本计算单内，将发生的间接费用按照一定的标准在各批产品之间进行分配，编制各种费用汇总分配表，登记成本计算单；第三，计算完工产品成本。

3. 简化分批法及其特点：简化的分批法，也称累计间接费用分配法，或不分批计算在产品成本的分批法。它是指在小批单件生产的企业或车间中，如果同一月份内投产批数繁多而且月末完工批数较多，这时，每月发生的各项间接计入费用，不是按月在各批产品之间进行分配，而是将这些间接计入费用先分别累计起来，到产品完工时，按照完工产品累计生产工时的比例，在各批完工产品之间再进行分配，从而计算出完工产品的总成本及单位成本的一种成本计算方法。

本章关键术语

分批法、简化分批法、间接费用分配率。

本章综合复习题

一、思考题

1. 简述分批法的特点。
2. 分批法适用于怎样生产的企业？
3. 简述分批法成本核算程序。

二、选择题

1. 如果在一张订单中规定有几种产品，产品批别应按（　　）划分。

A. 订单　　B. 产品品种

C. 订单或产品品种　　D. 各种产品数量多少

2. 在简化的分批法下，累计间接计入费用分配率（　　）。

A. 只是在各批产品之间分配间接计入费用的依据

B. 只是在各批产品之间分配间接计入费用的依据

C. 既是各批产品之间，也是完工产品与在产品之间分配间接费用的依据

D. 只是完工产品与在产品之间分配间接费用的依据

3. 简化的分批法是（　　）。

A. 不计算在产品成本的分批法

B. 不分批计算在产品成本的分批法

C. 不分批计算完工产品成本的分批法

D. 分批计算完工产品和在产品成本的分批法

4. 采用简化的分批法，各月（　　）。

A. 只计算完工产品成本

B. 只对完工产品分配间接计入费用

C. 不分批计算在产品成本

D. 不在完工产品与在产品之间分配费用

5. 采用简化的分批法，（　　）。

A. 必须设立生产成本二级账

B. 在产品完工之前，产品成本明细账只登记原材料费用和生产工时

C. 在生产成本二级账中登记间接计入费用

D. 不分批计算在产品成本

三、判断题

1. 在小批和单件生产中，产品的种类和每批产品的批量，都是根据购买单位的订单确定，因而按批、按件计算产品成本，也就是按照订单计算产品成本。（　　）

2. 如果在一张订单中只规定一件产品，但其属于大型复杂的产品，价值大，生产周期长，也可以按照产品的组成部分分批组织生产，计算成本。（　　）

3. 如果同一时期内，几张订单规定有相同的产品，还应按订单确定批别，分批组织生产，计算成本。（　　）

4. 如果一张订单规定有几种产品，应合为一批组织生产。（　　）

5. 采用分批法，如果批内产品跨月陆续完工情况不多，完工产品数量占全部批量比重较小，完工产品可按计划成本或定额成本计算。（　　）

6. 为了使同一批产品同时完工，避免跨月陆续完工情况，减少在完工产品与月末在产品之间分配费用的工作，产品的批量越小越好。（　　）

7. 简化的分批法，由于只对完工产品分配间接计入费用，而不分批计算在产品成本，因而又称其为不分批计算在产品成本的分批法。（　　）

8. 在小批、单件生产的企业或车间中，如果同一月份投产的产品批数很多，就可以采用简化的分批法计算产品成本。（　　）

9. 简化的分批法也叫累计间接计入费用分配法。（　　）

10. 采用简化分批法，各批产品之间分配间接计入费用的工作和完工产品与在产品之间分配间接计入费用的工作，都是利用累计间接计入费用分配率，到产品完工时合并一起进行的。（　　）

四、核算题

［资料］某企业生产甲、乙两种产品，生产组织属于小批生产，采用分批法计算成本。

（1）5月份生产的产品批号有：1614批号：甲产品10台，本月投产，本月完工6台。

1615批号：乙产品10台，本月投产，本月完工2台。

（2）5月份各批号生产费用资料见下表。

生产费用分配表 单位：元

批号	原材料	职工薪酬	制造费用
1614	3 360	2 350	2 800
1615	4 600	3 050	1 980

1614 批号甲产品完工数量较大，原材料在生产开始时一次投入，其他费用在完工产品与在产品之间采用约当产量比例法分配，在产品完工程度为 50% 。

1615 批号乙产品完工数量少，完工产品按计划成本结转。每台产品计划成本：原材料费用 460 元，职工薪酬 350 元，制造费用 240 元。

要求：根据上列资料，采用分批法，登记产品成本明细账，计算各批产品的完工产品成本和月末在产品成本。

第 8 章

产品成本计算的分步法

学习目标

◇ 了解分步法的特点；
◇ 熟悉分步法的核算程序；
◇ 通过核算，掌握分步法的具体应用。

分步法的
基本内容

8.1 分步法的基本内容

产品成本计算分步法（简称分步法）是以各生产阶段（步骤）和最后阶段的产成品为成本计算对象，归集生产费用，计算产品成本的一种方法。它适用于大量、大批、多阶段连续式复杂生产，并且管理上要求按阶段核算成本的企业或车间，如冶金工业、纺织工业、造纸工业等。对于某些大量流水生产的装配式复杂生产的企业，也可采用分步法计算产品成本，以满足企业内部生产管理、成本管理以及正确确定对外出售半成品的价格和收益的需要。

8.1.1 分步法的特点

分步法计算产品成本的特点可归纳如下：

(1) 分步法的成本计算对象为各生产步骤和最后步骤的产成品。成本计算单按每个生产步骤或其产品（半成品或产成品）设置。对生产过程中发生的材料、工资、其他费用应分别按生产步骤进行核算，属于各产品的费用，按产品归集，对每一步骤的一般费用，先按整个步骤归集，然后按一定标准在该步骤的各种产品之间进行分配。

（2）分步法下，成本计算期与会计核算期间一致，按月计算产品成本。

（3）分步法下，生产费用在完工产品和在产品之间进行分配不可避免。在大量大批、多步骤生产的企业，原材料连续投入，产品连续不断向下移动，产品往往存在跨月陆续完工的情况，因此，在月末计算产品成本时，各步骤内部都有在产品存在，这时，则要求将各步骤的生产费用在该步骤的产成品（或半成品）和在产品之间进行分配。

综上所述，分步法与品种法、分批法相比，成本计算主体与成本计算空间范围均不相同。其生产费用的汇集和分配，只有按步骤（车间）和步骤产品（半成品或产成品）进行，才能正确计算产品成本。

8.1.2 分步法成本核算的一般程序

运用分步法计算产品成本，可按以下四个步骤进行：

（1）按照各生产步骤，为每种产品（半产品或产成品）设立成本计算单，据以汇集该步骤产品发生的各项费用。

（2）汇集生产费用于产品成本计算单上。每月按生产步骤及产品汇集和分配生产费用，编制各种费用汇总分配表，登记成本计算单。

（3）计算各步骤完工产品成本（或计入产成品成本份额）和在产品成本。月末，将各生产步骤中各成本计算单上汇集的全部生产费用，在各完工产品和在产品之间进行分配，计算出各步骤的完工产品成本和在产品成本。

（4）结转各步骤半成品成本（或计入产成品成本份额），计算产成品总成本和单位成本。月末，应采用适当的方法，按产品品种结转各步骤成本，计算出每种产成品的总成本和单位成本。在实际工作中，各步骤半成品成本的结转可采用逐步结转和平行结转两种方法，因此，分步法便有了逐步结转分步法和平行结转分步法之分。

逐步结转分步法

8.2 逐步结转分步法

逐步结转分步法又称顺序结转分步法。它是按照产品加工步骤的先后顺序，逐步计算并结转半成品成本，前一步骤的半成品成本，随着半成品实物的转移而结转到后一步骤的产品成本中，直到最后步骤累计计算出产成品成本的一种成本计算方法。该方法的显著特点是能够提供各步骤完整的半成品成本资料，因此，此方法亦称“计算半成品成本法”。它适用于半成品具有独立经济意义、半成品外销式、管理上要求提供半成品成本资料的连续式多步骤大量大批生产的企业。

8.2.1 逐步结转分步法的程序

采用逐步结转分步法计算产品成本，首先计算第一步骤半成品成本；然后用第一步骤半成品的成本加上第二步骤加工费用，求得第二步骤半成品成本。随着加工步骤顺序累计结转，直到最后一个步骤计算出完工产成品为止。逐步结转分步法成本计算程序图，如图8－1所示。

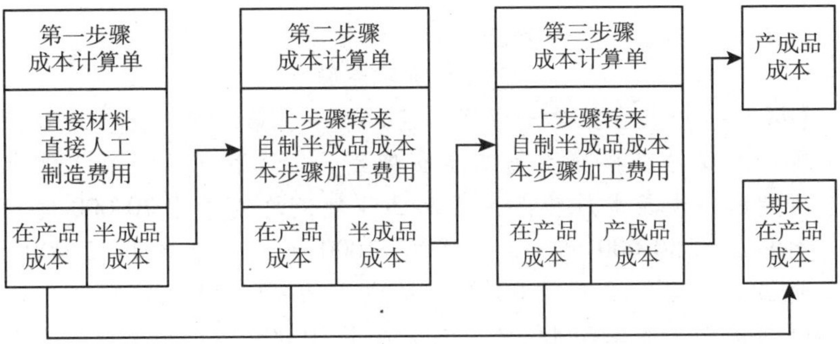

图8－1 逐步结转分步法成本计算程序

如果各步骤生产的半成品完工之后，并非为下一步骤立即使用，则需通过半成品库来实现实物的转移。这时，应设置“自制半成品”明细账来反映完工入库和生产领用半成品成本的结转情况。半成品验收入库时，借记“自制半成品”科目，贷记“生产成本”科目，下步骤领用时，作相反的会计分录。

8.2.2 逐步结转分步法的分类

逐步结转分步法，按照半成品成本在下一步骤反映的方式不同，可分为综合结转分步法和分项结转分步法两种。

1. 综合结转分步法

综合结转分步法是指上一步骤半成品的成本以“自制半成品”项目综合列入下一步骤成本计算单中。这种结转方式，结转时比较简便，且可以提供各步骤所耗半成品的综合指标。但因不是按成本项目结转，使计算出的完工产成品成本不能反映其原始成本结构，因此，还必须进行成本还原。

成本还原

成本还原是将完工产品成本中的“自制半成品”项目的综合成本，分解为原始的成本项目。分解的方法通常有两种：一是从最后一个生产步骤的成本计算单向前推算，将本步骤耗用上步骤半成品的综合成本，按照上步骤的成本结构进行分解，求得其原始成本各项目的金额。二是以上步骤本月所产半成品成本合计为系数1，计算本月产品耗用上一步半成品成本合计折合系数，该系数即为成本还原率。计算公式如下：

$$\text{成本还原率}=\frac{\text{本月产品耗用上一步骤半成品成本合计}}{\text{上一步骤本月所产该半成品成本合计}}$$

某步骤耗用上步骤“自制半成品”某成本项目还原数计算公式如下：

$$\begin{matrix}\text{某成本项目}\\\text{还原数}\end{matrix}=\begin{matrix}\text{上一步骤本月所产该半成品}\\\text{某成本项目金额}\end{matrix}\times\text{成本还原率}$$

【例8-1】 某企业生产甲产品经过第一、第二两个生产步骤，第一步骤的半成品直接交由第二步骤使用，1件甲产品耗用2件半成品。假定第一步骤本月转出半成品200件，总成本为70 000元，其中，材料成本50 000元，人工成本8 000元，制造费用12 000元。第二步骤本期完工甲产品80件，总成本为72 000元，其中半成品56 000元，人工成本6 000元，制造费用10 000元。现采用上述两种方法，将半成品成本56 000元，还原成直接材料、直接人工、制造费用项目。

（1）第一种还原方法。

第一步骤生产出的200件半成品各成本项目所占比重分别为：

$$\text{直接材料成本占总成本比重}=\frac{50\ 000}{70\ 000}\times100\%=71.4286\%$$

$$直接人工成本占总成本比重=\frac{8\ 000}{70\ 000}\times100\%=11.4286\%$$

$$制造费用成本占总成本比重=\frac{12\ 000}{70\ 000}\times100\%=17.1429\%$$

56 000 元半成品的成本构成为：

直接材料 =56 000 ×71.4286% =40 000.24（元）

直接人工 =56 000 ×11.4286% =6 399.68（元）

制造费用 =56 000 ×17.1429% =9 600.08（元）

（2）第二种还原方法。

$$甲半成品的成本还原率=\frac{本月产品耗用上一步骤半成品成本合计}{上一步骤本月所产该半成品成本合计}=\frac{56\ 000}{70\ 000}=0.8$$

56 000 元半成品的成本构成为：

直接材料 =50 000 ×0.8 =40 000（元）

直接人工 =8 000 ×0.8 =6 400（元）

制造费用 =12 000 ×0.8 =9 600（元）

甲产品的成本构成为：直接材料 40 000 元；直接人工 12 400 元（6 400 +6 000）；制造费用 19 600 元（10 000 +9 600）。

2. 分项结转分步法

分项结转分步法，是将上一步骤半成品成本按照成本项目分项结转到下一步骤成本计算单上相应的成本项目的一种方法。如果半成品通过半成品库收发，半成品明细账也要分别按成本项目进行登记。这种结转方法可以直接提供产品成本的原始结构。但生产步骤较多时，转账手续比较烦琐，工作量大。

【例 8 -2】 某企业二车间有关成本计算资料，如表 8 -1、表 8 -2 所示。

表 8 -1　　产量及完工程度资料

项目	数量（件）		完工程度（%）	
	合格品	废品	合格品	废品
月初在产品	100	—	50	—
本月投入	260	—	—	—
本月完工	300	10	100	100
月末在产品	50	—	40	—

材料在开工时一次投入，废品残值 140 元。

表 8－2 **费用资料** 单位：元

摘要	直接材料	直接人工	制造费用	废品	合计
月初在产品成本	1 800	700	900	—	3 400
本月本车间发生费用	780	1 680	2 240	—	4 700
上车间转入费用	3 900	1 040	1 300	300	6 540

根据上述资料，二车间的成本计算单，如表 8－3 所示。

表 8－3 **产品成本计算单**

车间名称：二车间　　20××年×月

产品名称：甲产品　　单位：元

摘要	直接材料	直接人工	制造费用	废品损失	合计
月初在产品成本	1 800	700	900	—	3 400
本车间费用	780	1 680	2 240	—	4 700
上车间转入费用	3 900	1 040	1 300	300	6 540
本月费用合计	6 480	3 420	4 440	300	14 640
结转废品成本	180	100	130	—	410
废品损失计入成本	—	—	—	270	270
产成品成本	5 400	3 000	3 900	570	12 870
月末在产品成本	900	320	410	0	1 630

成本计算中有关项目计算过程如下：

上车间转入半成品的单位成本为：

$$直接材料单位成本=\frac{3\ 900}{260}=15\ （元）$$

$$直接人工单位成本=\frac{1\ 040}{260}=4\ （元）$$

$$制造费用单位成本=\frac{1\ 300}{260}=5\ （元）$$

本车间本月发生费用单位成本为：

$$直接材料单位成本=\frac{780}{260}=3\ （元）$$

$$直接人工单位成本=\frac{1\ 680}{300+10+50\times40\%-100\times50\%}=\frac{1\ 680}{280}=6\ （元）$$

$$制造费用单位成本=\frac{2\ 240}{280}=8\ （元）$$

废品成本为 410 元，废品损失为 270 元（410 − 140），计算过程：

直接材料 = (15 + 3) × 10 = 180（元）

直接人工成本 = (4 + 6) × 10 = 100（元）

制造费用 = (5 + 8) × 10 = 130（元）

月末在产品成本分别为：

直接材料 = (15 + 3) × 50 = 900（元）

直接人工成本 = 50 × 4 + 50 × 40% × 6 = 320（元）

制造费用：50 × 5 + 50 × 40% × 8 = 410（元）

完工产品成本则为：

直接材料 = (15 + 3) × 300 = 5 400（元）

直接人工 = (4 + 6) × 300 = 3 000（元）

制造费用 = (5 + 8) × 300 = 3 900（元）

废品损失合计 570 元（300 + 270），完工产品成本合计为 12 870 元。

8.2.3　半成品成本的计价

半成品成本的计价

在综合结转半成品成本时，可按实际成本结转，也可按计划成本结转至下一生产步骤。而在分项结转半成品成本时，通常采用按实际成本分项结转，以免按成本项目分项调整成本差异。

按实际成本综合结转，各步骤所耗上一步骤的半成品成本，等于所耗半成品的数量乘以半成品的实际单位成本。在半成品通过半成品库收发的情况下，所耗半成品的单位成本可采用先进先出法、加权平均法和个别计价法来确定。

按计划成本综合结转半成品成本时，半成品的日常收发均按计划成本核算。待计算出半成品实际成本后，再计算半成品的成本差异率，调整所耗半成品的计划成本为实际成本。在成本计算单中，对所耗上步骤半成品成本，可按实际成本登记，也可按所耗半成品的计划成本和成本差异分别登记，以便分析上步骤半成品成本差异对本步骤成本的影响。按计划成本综合结转半成品成本，可以简化和加速核算工作，也便于进行成本考核和分析，但要对所耗半成品的计划成本进行调整。按实际成本结转，不利明确责任，并且影响成本计算的及时性。企业具体采用哪种计价方法，需根据自己的生产特点和管理要求来决定。

【例 8 − 3】 假定某企业甲产品的生产经过两个步骤，分别由两个车间进行。第一车间生产半成品，交半成品库验收；第二车间按照所需数量向半成品库领用。第二车间所耗半成品费用按全月一次加权平均单位成本计算。两个车间在产品均按定额成本计价。那么，其成本计算程序如下：

（1）根据各种费用分配表、半成品交库单和第一车间在产品定额成本资料，登记第一车间甲产品成本计算单，如表8－4所示。

表8－4　　产品成本计算单

车间：第一车间　　　　产品：甲半成品

摘要	产量（件）	直接材料（元）	直接人工（元）	制造费用（元）	合计（元）
月初在产品成本（定额成本）		29 000	2 000	16 050	47 050
本月生产费用		77 300	6 650	52 000	135 950
生产费用合计		106 300	8 650	68 050	183 000
半成品成本	1 000	71 500	6 050	47 987.50	125 537.50
半成品单位成本		71.50	6.05	47.99	125.54
月末在产品成本（定额成本）		34 800	2 600	20 062.50	57 462.50

根据第一车间半成品交库单，编制结转半成品成本的会计分录：

借：自制半成品——甲半成品　　125 537.5

　　贷：生产成本——基本生产成本——第一车间（甲半成品）

　　　　125 537.5

（2）根据计价后的第一车间半成品交库单和第二车间领用半成品的领用单，登记自制半成品明细账如表8－5所示。

表8－5　　自制半成品明细账

半成品名称：甲半成品

月份	月初余额		本月增加		累计			本月减少	
	数量（件）	实际成本（元）	数量（件）	实际成本（元）	数量（件）	实际成本（元）	单位成本（元）	数量（件）	实际成本（元）
6	150	29 787.50	1 000	125 537.5	1 150	155 325	135.07	900	121 558.70
7	250	33 766.30							

根据第二车间领用半成品的领用单，编制结转半成品成本的会计分录：

借：生产成本——基本生产成本——第二车间（甲产品）

　　121 558.70

　　贷：自制半成品——甲半成品　　121 558.70

(3) 根据各种费用分配表、半成品领用单、半成品交库单，以及二车间在产品定额成本资料，登记第二车间甲产品成本计算单，如表 8－6 所示。

表 8－6　　　　　　　　产品成本计算单

产品：甲产品

车间：第二车间　　　　　　　　　　　　　　　　　　金额单位：元

摘要	产量	半成品	直接人工	制造费用	合计
月初在产品成本（定额成本）		95 000	4 950	24 750	124 700
本月生产费用		121 558. 70	7 850	38 450	167 858. 71
生产费用合计		216 558. 70	12 800	63 200	292 558. 70
产成品成本	800	150 058. 70	10 400	51 200	211 658. 70
产成品单位成本		187. 57	13	64	264. 57
在产品成本（定额成本）		66 500	2 400	12 000	80 900

根据第二车间产成品交库单，编制结转产品成本的会计分录：

借：库存商品——甲产品　　　　　　　　　211 658. 70

　　贷：生产成本——基本生产成本——甲产品　211 658. 70

在按计划成本综合结转的情况下，为了调整所耗半成品的成本差异，自制半成品明细账不仅要反映半成品收支和结存的数量和实际成本，而且要反映半成品的收发和结存的计划成本、成本差异和差异率；在产品成本计算单中，对于所耗半成品，可以按照调整成本差异后的实际成本登记。为了分析上一步骤半成品对本步骤成本的影响，也可以按照所耗半成品的计划成本和成本差异分别登记。这时产品成本计算单“半成品”项目、“直接材料”项目，要分设“计划成本”“成本差异”“实际成本”三栏，具体核算的程序与原材料按计划成本核算的程序基本相同，此处不再赘述。

8. 2. 4　逐步结转分步法应用举例

逐步结转分步法例题

【例 8－4】 某企业大量生产甲产品，顺序经过三个生产步骤，分设三个车间进行加工。该企业采用逐步结转分步法计算产品成本。原材料在生产开始时一次投入，其他费用陆续发生，各步骤完工的半成品不通过半成品库。半成品成本按实际成本综合结转，各步骤在产品成本采用约当产量法计算，在产品完工率均为 50%。

表 8－7　　产品产量记录

20××年6月　　单位：件

摘要	一车间	二车间	三车间	产成品
月初在产品	40	100	80	—
本月投入	360	—	—	—
上步转入	—	300	350	
本月完工	300	350	350	350
月末在产品	100	50	80	—

表 8－8　　费用资料　　单位：元

摘要	车间	直接材料	自制半成品	直接人工	制造费用	合计
月初在产品成本	一车间	4 000	—	860	1 650	6 510
	二车间	—	6 400	950	2 000	9 350
	三车间	—	8 400	1 600	1 200	11 200
本期发生费用	一车间	38 000		7 890	12 000	57 890
	二车间	—	—	2 850	5 000	7 850
	三车间	—		4 000	3 600	7 600

根据上述资料，各步骤成本计算过程，如表 8－9～表 8－13 所示。

表 8－9　　一车间成本计算单

20××年6月

产量：300 件

产品名称：甲 A 半成品　　单位：元

摘要		直接材料	直接人工	制造费用	合计
月初在产品成本		4 000	860	1 650	6 510
本月生产费用		38 000	7 890	12 000	57 890
生产费用合计		42 000	8 750	13 650	64 400
月末在产品成本		10 500	1 250	1 950	13 700
半成品	总成本	31 500	7 500	11 700	50 700
	单位成本	105	25	39	169

表 8－10　　　　　　　　**二车间成本计算单**

20××年 6 月

完工产量：350 件

产品名称：甲 B 半成品　　　　　　　　　　　　　　　　单位：元

摘要		自制半成品	直接人工	制造费用	合计
月初在产品成本		6 400	950	2 000	9 350
本月生产费用		50 700	2 850	5 000	58 550
生产费用合计		57 100	3 800	7 000	67 900
约当产量		400	375	375	—
月末在产品成本		7 137. 50	253. 33	466. 67	7 857. 50
半成品	总成本	49 962. 50	3 546. 67	6 533. 33	60 042. 50
	单位成本	142. 75	10. 1333	18. 6667	171. 55

表 8－11　　　　　　　　**三车间成本计算单**

20××年 6 月

完工产量：350 件

产品名称：甲成品　　　　　　　　　　　　　　　　单位：元

摘要		自制半成品	直接人工	制造费用	合计
月初在产品成本		8 400	1 600	1 200	11 200. 00
本月生产费用		60 042. 50	4 000	3 600	67 642. 50
生产费用合计		68 442. 50	5 600	4 800	78 842. 50
月末在产品成本		12 733. 49	574. 36	492. 31	13 800. 16
半成品	总成本	55 709. 01	5 025. 64	4 307. 69	65 042. 34
	单位成本	159. 17	14. 36	12. 31	185. 84

表 8－12　　　　　　**产成品成本还原计算表**　　　　　　完工产品：350 件

单位：元

行次	项目	成本还原率	自制半成品（第二步骤）	自制半成品（第一步骤）	直接材料	直接人工	制造费用	合计
1	还原前产成品成本		55 709. 01	—	—	5 025. 64	4 307. 69	65 042. 34
2	第二步半成品成本			(49 962. 50)	—	(3 546. 67)	(6 533. 33)	(60 042. 50)
3	第一次成本还原	0. 927826		46 356. 52		3 290. 69	6 061. 80	55 709. 01
4	第一步半成品成本				(31 500)	(7 500)	(11 700)	(50 700)
5	第二次成本还原	0. 91433				6 857. 47	10 697. 66	46 356. 52
6	还原后产成品成本				(28 801. 39)	15 173. 80	21 067. 15	65 042. 34
7	产品单位成本				82. 2897	43. 3537	60. 1919	185. 8353

表 8－12 中：

第一次成本还原率 $=\frac{55\ 709.01}{60\ 042.50}=0.927826$

第一次成本还原金额＝第二步半成品成本×第一次成本还原率

第二次成本还原率 $=\frac{46\ 356.52}{50\ 700}=0.91433$

第二次成本还原金额＝第一步半成品成本×第二次成本还原率

还原后产成品直接人工成本＝还原前产成品直接人工成本＋第一次成本还原直接人工成本＋第二次成本还原直接人工成本

＝5 025.64＋3 290.69＋6 857.47＝15 173.80

还原后产成品制造费用计算同直接人工成本计算。

表 8－13　　产成品成本还原计算表

20××年 6 月　　完工产品：350 件

金额单位：元

行次	项目	自制半成品	自制半成品	直接材料	直接人工	制造费用	合计
1	三车间	还原前成本	55 709.01		5 025.64	4 307.69	65 042.34
2		二车间成本结构	83.21%		5.91%	10.88%	100%
3		还原金额	46 355.47		3 292.40	6 061.14	55 709.01
4		还原后成本	46 355.47		8 318.04	10 368.83	65 042.34
5	二车间	一车间成本结构		62.13%	14.79%	23.08%	100%
6		还原金额		28 800.65	6 855.97	10 698.84	46 355.47
7		还原后成本		28 800.65	15 174.01	21 067.68	65 042.348
8	产成品总成本			28 800.65	15 174.01	21 067.68	65 042.349
9	产品单位成本			82.29	43.35	60.19	185.83

表 8－13 中：

二车间成本结构为：

自制半成品 $=\frac{49\ 962.5}{60\ 042.5}\times100\%=83.21\%$

直接人工 $=\frac{3\ 546.67}{60\ 042.5}\times100\%=5.91\%$

制造费用 $=\frac{6\ 533.33}{60\ 042.5}\times100\%=10.88\%$

三车间还原金额：

自制半成品成本＝55 709.01×83.21%＝46 355.47（元）

直接人工 = 55 709. 01 × 5. 91% = 3 292. 40（元）
制造费用 = 55 709. 01 × 10. 88% = 6 061. 14（元）
一车间成本结构：

$$直接材料 = \frac{31\ 500}{50\ 700} \times 100\% = 62.13\%$$

$$直接人工 = \frac{7\ 500}{50\ 700} \times 100\% = 14.79\%$$

$$制造费用 = \frac{11\ 700}{50\ 700} \times 100\% = 23.08\%$$

二车间还原金额：
直接材料 = 46 355. 47 × 62. 13% = 28 800. 65（元）
直接人工 = 46 355. 47 × 14. 79% = 15 174. 01（元）
制造费用 = 46 355. 47 × 23. 08% = 21 067. 68（元）
产成品总成本：
直接材料 = 28 800. 65（元）
直接人工 = 5 025. 64 + 3 292. 40 + 6 855. 97 = 15 174. 01（元）
制造费用 = 4 307. 69 + 6 061. 14 + 10 698. 84 = 21 067. 68（元）
合计 = 28 800. 65 + 15 174. 01 + 21 067. 68 = 65 042. 34（元）

平行结转分步法

8.3 平行结转分步法

8.3.1 平行结转分步法的特点

采用平行结转分步法计算产品成本，各步骤不计算其所产半成品的成本，也不计算各步骤耗用上一步骤的半成品成本，只计算本步骤发生的直接材料、直接人工、制造费用，以及这些费用应计入产成品成本份额，然后，将同一产品的各步骤成本计算单中应计入产成品份额平行结转、汇总，即可计算出产品成本。平行结转分步法一般适用于大量大批多步骤生产，各生产步骤所产半产品种类较多，但又不需要计算半成品成本的企业。平行结转分步法计算产品成本的要点，如图 8 - 2 所示。

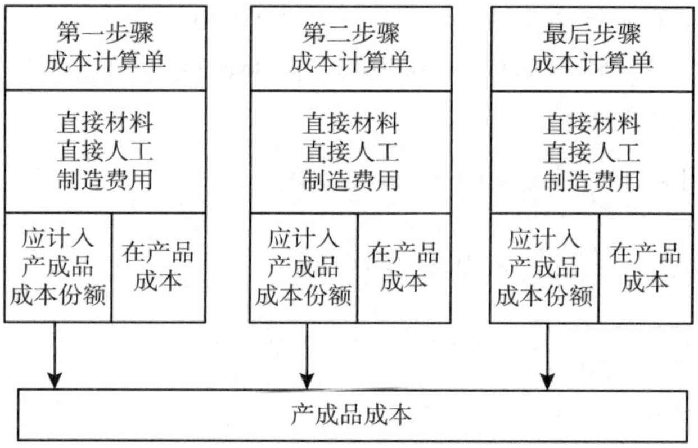

图8－2　平行结转分步法成本计算程序

综观图8－2，平行结转分步法的特点可归纳如下：

（1）采用平行结转分步法计算产品成本，各步骤之间只进行实物转移，不进行成本的结转。各步骤只汇集本步骤发生的费用。

（2）采用平行结转分步法计算产品成本，不论半成品在各生产步骤之间直接转移还是通过半成品库收发，均不通过“自制半成品”科目进行总分类核算。

（3）采用平行结转分步法计算产品成本时，所谓在产品成本指广义在产品成本，它包括本步骤加工中的在产品成本和本步骤已加工完成，但未形成最终产品的半成品成本。

（4）采用平行结转分步法计算产品成本，待产品完工入库时，应计算各步骤应计入产成品成本份额，从“生产成本”科目的贷方转入“产成品”科目借方。各步骤应计入产成品成本份额，一般可按下列公式计算：

某步骤应计入产成品成本的份额＝产成品产量×单位产成品耗用步骤半成品的数量×该步骤半成品单位成本

其中“该步骤半成品单位成本”可用约当产量法、定额比例法或定额成本法等方法计算求得。

计入产成品成本份额的计算

【例8－5】某产品分两个步骤生产，原材料于生产开始进一次投入月末第一步骤加工中的在产品40件，完工率50%；第二步骤加工中的在产品20件，产成品200件。第二步骤单位在产品和产成品耗用第一步骤半成品2件。第一步骤月初在产品成本和本月发生费用合计40 000元，其中原材料36 000元，加工费4 000元。那么，采用约当产量法计算应计入产成品成本份额的计算过程如下：

$$\text{第一步骤半成品的材料单位成本} = \frac{36\ 000}{40 + 200 \times 2 + 20 \times 2} = 75$$

（元）

$$第一步骤半成品单位加工费用 = \frac{4\ 000}{40 \times 50\% + 200 \times 2 + 20 \times 2} = 8.7\ （元）$$

第一步骤应计入产成品本份额 = 200 × 2 ×（75 + 8.7）= 33 480（元）

假定生产费用在完工产品与在产品之间，采用定额比例法分配。原材料按材料定额消耗量比例分配，加工费用按定额工时比例分配，单位半成品原材料定额消耗量为 75 千克，单位半成品定额工时为 10 小时，单位在产品定额工时为 5 小时。那么：

第一步骤单位定额耗用量应负担材料成本

$$= \frac{36\ 000}{(200 \times 2 + 20 \times 2 + 40) \times 75}$$

= 1（元/千克）

第一步骤应计入完工产品的材料成本 = 200 × 2 × 75 × 1 = 30 000（元）

第一步骤单位定额工时应负担加工费用

$$= \frac{4\ 000}{200 \times 2 \times 10 + 20 \times 2 \times 10 + 40 \times 5}$$

= 0.87（元/小时）

第一步骤应计入产成品成本加工费 = 200 × 2 × 10 × 0.87 = 3 480（元）

则：第一步骤应计入产成品成本份额 = 30 000 + 3 480 = 33 480（元）

第一步骤在产品成本 = 40 000 − 33 480 = 6 520（元）

8.3.2　平行结转分步法应用举例

平行结转分步法例题

【例 8－6】某企业经过三个制造车间大量生产丙产品。原材料在第一车间一次投入，在生产过程中第二车间单位产品（半产品、在产品）耗用第一车间半成品 2 件，第三车间单位产品（在产品、产成品）耗用第二车间半成品 2 件。该企业采用平行结转分步法计算产品成本，月末在产品成本按约当产量法计算，在产品完工程度均匀为 50%。该企业 20 × × 年 8 月有关产量及成本费用资料，如表 8－14、表 8－15 所示。

表中月初在产品成本根据上月成本计算单资料取得，本月发生费用，根据本月各项费用分配表取得。

表 8－14 **产量产录**

20××年 8 月　　　　单位：件

摘要	一车间	二车间	三车间	产成品
月初在产品	40	100	80	
本月投入或上步	560	250	150	
本月完工	500	300	150	150
月末在产品	100	50	80	

表 8－15 **成本费用资料**

20××年 8 月　　　　单位：元

项目	车间别	直接材料	直接人工	制造费用	合计
月初在产品成本	一车间	23 736	6 960	5 568	36 264
	二车间	—	3 157	6 930	10 087
	三车间	—	5 040	2 408	7 448
本月发生费用	一车间	332 304	97 440	77 952	50 696
	二车间	—	15 785	34 650	50 436
	三车间	—	15 120	7 224	22 344

根据上述资料，丙产品成本计算过程，如表 8－16～表 8－18 所示。

表 8－16 **第一车间成本计算单**

20××年 8 月

完工产成品：150 件

产品名称：丙产品　　　　单位：元

摘要	直接材料	直接人工	制造费用	合计
月初在产品成本	23 736	6 960	5 568	36 264
本月发生费用	332 304	97 440	77 952	507 696
生产费用合计	356 040	104 400	83 520	543 960
单位产品成本	317.89	97.57	78.06	493.52
计入产品成本份额	190 734	58 542	46 836	296 112
月末在产品成本	165 306	45 858	36 684	247 848

表 8－17　　第二车间成本计算单

20××年 8 月

完工成品：150 件

产品名称：丙产品　　单位：元

摘要	直接人工	制造费用	合计
月初在产品成本	3 157	6 930	10 087
本月发生费用	15 785	34 650	50 435
生产费用合计	18 942	41 580	60 522
单位产品成本	39.06	85.73	12.479
计入产品成本份额	11 718	25 719	37 437
月末在产品成本	7 224	15 861	23 085

表 8－18　　第三车间成本计算单

20××年 8 月

完工成品：150 件

产品名称：丙产品　　单位：元

摘要	直接人工	制造费用	合计
月初在产品成本	5 040	2 408	7 448
本月发生费用	15 120	7 224	22 344
生产费用合计	20 160	9 632	29 792
单位产品成本	106.105	50.695	156.80
计入产品成本份额	15 916	7 604	23 520
月末在产品成本	4 244	2 028	6 272

根据上述各车间应计入产成品成本份额的计算资料，编制产成品生产成本汇总表，如表 8－19 所示。

表 8－19　　产成品生产成本汇总表

20××年 8 月

完工成品：150 件

产品名称：丙产品　　单位：元

摘要	直接材料	直接人工	制造费用	合计
一车间份额	190 734	58 542	46 836	296 112
二车间份额	—	11 718	25 719	37 437
三车间份额	—	15 916	7 604	23 520
产成品总成本	190 734	86 176	80 159	357 069
产品单位成本	1 271.56	574.507	534.393	2 380.46

在平行结转分步法下，各车间成本计算单的产量都应按产成品产量计算。

第一车间成本计算单中有关项目计算过程如下：

（1）单位产品成本项目：

$$单位产品直接材料成本=\frac{356\ 040}{150\times4+80\times4+50\times2+100}=317.89（元）$$

$$单位产品直接人工成本=\frac{104\ 400}{150\times4+80\times4+50\times2+100\times50\%}=97.57（元）$$

$$单位产品制造费用=\frac{83\ 520}{150\times4+80\times4+50\times2+100\times50\%}=78.06（元）$$

（2）计入产成品成本份额项目：

直接材料成本份额 = 150 × 4 × 317.89 = 190 734（元）

直接人工成本份额 = 150 × 4 × 97.57 = 58 542（元）

制造费用份额 = 150 × 4 × 78.06 = 46 836（元）

（3）月末在产品成本项目，是指月末广义在产品成本，总计 247 848 元，其中：

直接材料成本 = 356 040 − 190 734 = 165 306（元）

直接人工成本 = 104 400 − 58 542 = 45 858（元）

制造费用 = 83 520 − 46 836 = 36 684（元）

第二车间成本计算中有关项目计算如下：

（1）单位产品成本：

$$单位直接人工成本=\frac{18\ 942}{150\times2+80\times2+50\times50\%}=39.06（元）$$

$$单位制造费用=\frac{41\ 580}{150\times2+80\times2+50\times50\%}=85.73（元）$$

（2）计入产成品成本份额：

直接人工成本份额 = 150 × 2 × 39.06 = 11 718（元）

制造费用份额 = 150 × 2 × 85.73 = 25 719（元）

（3）月末在产品成本指广义在产品成本，总计 23 085 元，其中：

直接人工成本 = 18 942 − 11 718 = 7 224（元）

制造费用 = 41 584 − 25 719 = 15 861（元）

第三车间成本计算单中部分项目计算如下：

（1）单位产品成本：

$$单位产品直接人工成本=\frac{20\ 160}{150+80\times50\%}=106.105（元）$$

$$单位产品制造费用=\frac{9\ 632}{150+80\times50\%}=50.659（元）$$

（2）应计入产成品成本份额：

直接人工成本 = 150 × 106.105 = 15 916（元）

制造费用份额 = 150 × 50.695 = 7 604（元）

（3）月末在产品成本总计 6 272 元，其中

直接人工成本 = 20 160 − 15 916 = 4 244（元）

制造费用 = 9 632 − 7 604 = 2 028（元）

本章小结

（1）分步法是以各生产阶段（步骤）和最后阶段的产成品为成本计算对象，归集生产费用，计算产品成本的一种方法。它适用于大量、大批、多阶段连续式复杂生产，并且管理上要求按阶段核算成本的企业或车间，如冶金工业、纺织工业、造纸工业等。对于某些大量流水生产的装配式复杂生产的企业，也可采用分步法计算产品成本，以满足企业内部生产管理、成本管理以及正确确定对外出售半成品的价格和收益的需要。

知识拓展：
逐步结转分步法与平行结转分步法比较

分步法与品种法、分批法相比，成本计算主体与成本计算空间范围均不相同。其生产费用的汇集和分配，只有按步骤（车间）和步骤产品（半成品或产成品）进行，才能正确计算产品成本。

知识拓展：
分步法、分批法、品种法异同

（2）逐步结转分步法是按照产品的加工步骤的先后顺序，逐步计算并结转半成品成本，前一步骤的半成品成本，随着半成品实物的转移而结转到后一步骤的产品成本中，直到最后步骤累计计算出产成品成本的一种成本计算方法。该方法的显著特点是能够提供各步骤完整的半成品成本资料，因此，此方法亦称“计算半成品成本法”。它适用于半成品具有独立经济意义、半成品外销式、管理上要求提供半成品成本资料的连续式多步骤大量大批生产的企业。

（3）平行结转分步法是各步骤不计算其所产半成品的成本，也不计算各步骤耗用上一步骤的半成品成本，只计算本步骤发生的直接材料、直接人工、制造费用，以及这些费用应计入产成品成本份额，然后，将同一产品的各步骤成本计算单中应计入产成品份额平行结转、汇总，即可计算出产品成本。平行结转分步法一般适用于大量大批多步骤生产，各生产步骤所产半产品种类较多，但又不需要计算半成品成本的企业。

本章关键术语

分步法、逐步结转、分项结转、逐步结转分步法、分项结转分步法、成本还原。

本章综合复习题

一、思考题

1. 简述分步法的特点。
2. 分步法适用于怎样生产的企业？
3. 简述分步法成本核算程序。

二、选择题

1. 下列方法中，属于不计算半成品成本的分步法是（　　）。
   A. 逐步结转法　　B. 综合结转法
   C. 分项结转法　　D. 平行结转法
2. 采用逐步结转分步法，其在完工产品与在产品之间分配费用，是指在（　　）之间的费用分配。
   A. 产成品与月末在产品
   B. 完工半成品与月末加工中的在产品
   C. 产成品与广义的在产品
   D. 前面步骤的完工半成品与加工中的在产品及最后步骤的产成品与加工中的在产品
3. 采用逐步结转分步法，按照半成品成本在下一步骤成本明细账中的反映方法，可以分为（　　）。
   A. 实际成本结转法和计划成本结转法
   B. 综合结转法和分项结转法
   C. 平行结转法和分项结转法
   D. 平行结转法和综合结转法
4. 成本还原的对象是（　　）。
   A. 产成品成本
   B. 各步骤所耗上一步骤半成品的综合成本
   C. 最后步骤的产成品成本
   D. 各步骤半成品成本
5. 进行成本还原，应以还原分配率分别乘以（　　）。
   A. 本月所产半成品各个成本项目的费用
   B. 本月所耗半成品各个成本项目的费用
   C. 本月所产该种半成品各个成本项目的费用

D. 本月所耗该种半成品各个成本项目的费用

6. 采用平行结转分步法（　　）。

A. 不能全面地反映各个生产步骤产品的生产耗费水平

B. 能够全面地反映各个生产步骤产品的生产耗费水平

C. 能够全面地反映第一个生产步骤产品的生产耗费水平

D. 能够全面地反映最后一个生产步骤产品的生产耗费水平

7. 下列方法中，需要进行成本还原的是（　　）。

A. 平行结转法　　B. 逐步结转法

C. 综合结转法　　D. 分项结转法

8. 采用分步法，计算各步骤半成品成本是（　　）。

A. 成本计算的需要

B. 成本控制的要求

C. 对外销售的需要

D. 全面考核和分析成本计划执行情况的要求

9. 采用逐步结转分步法，按照结转的半成品成本在下一步骤产品成本明细账中的反映方法，分为（　　）。

A. 综合结转法　　B. 分项结转法

C. 按实际成本结转　　D. 按计划成本结转

10. 按计划成本综合结转半成品成本的优点是（　　）。

A. 可以简化和加速半成品核算和产成品成本计算工作

B. 便于各步骤进行成本的考核和分析

C. 便于从整个企业角度进行成本的考核和分析

D. 便于考核产品成本的构成和水平

三、判断题

1. 分步法是按照产品的生产步骤归集生产费用，计算产品成本的一种方法。（　　）

2. 由于各个企业生产工艺过程的特点不同，各生产步骤成本的计算和结转采用两种不同的方法：逐步结转和平行结转。（　　）

3. 逐步结转分步法就是为了计算半成品成本而采用的一种分步法。（　　）

4. 采用逐步结转分步法，半成品成本的结转与半成品实物的转移是一致的，因而有利于半成品的实物管理和在产品的资金管理。（　　）

5. 采用逐步结转分步法，按照结转的半成品在下一步骤产品成本明细账中的反映方法，分为综合结转和分项结转两种方法。（　　）

6. 成本还原的对象是还原前的产成品成本。 （ ）

7. 成本还原的对象是还原前产成品成本中的半成品的综合成本。 （ ）

8. 综合结转半成品成本有利于从整个企业角度分析和考核产成品成本的结构。 （ ）

9. 采用分项结转半成品成本，在各步骤完工产品成本中看不出所耗上一步骤半成品的费用和本步骤加工费用的水平。 （ ）

10. 不论是综合结转还是分项结转，半成品成本都是随着半成品实物的转移而结转。 （ ）

四、核算题

1. 恒星机械厂生产的甲产品顺序经过第一车间、第二车间和第三车间三个基本生产车间加工，第一车间完工产品为 A 半成品，完工后全部交给第二车间继续加工；第二车间完工产品为 B 半成品，完工后全部交第三车间继续加工；第三车间完工产品为甲产品产成品。甲产品原材料在第一车间生产开始时一次投入，各车间的工资和费用发生比较均衡，月末在产品完工程度均为 50%。本月有关成本计算资料如下：

生产数量资料

产品：甲产品　　20××年 3 月　　单位：件

项目	第一车间	第二车间	第三车间
月初在产品数量	50	100	200
本月投入或上步转入数量	550	500	500
本月完工转入下步或交库数量	500	500	550
月末在产品数量	100	100	150

生产费用资料

产品：甲产品　　20××年 3 月　　单位：元

项目	第一车间	第二车间	第三车间
月初在产品成本	36 250	130 000	400 000
其中：直接材料（半成品）	25 000	95 000	330 000
直接人工	6 250	20 000	40 000
制造费用	5 000	15 000	30 000
本月本步发生生产费用	511 250	350 000	367 500
其中：直接材料	275 000		
直接人工	131 250	200 000	210 000
制造费用	105 000	150 000	157 500

要求：

（1）根据资料采用逐步结转分步法（综合结转方式）计算甲产品及其A半成品、B半成品成本，其中月末在产品成本按约当产量法计算，编制结转完工产成品的会计分录，登记产品成本计算单。

（2）对恒星机械厂第三车间所产甲产品总成本中的自制半成品成本进行成本还原，按半成品各成本项目占全部成本的比重进行成本还原，完成产品成本还原计算表（还原分配率保留四位小数）。

第一车间产品成本计算单

产品：A半成品　　　　20××年3月　　　　单位：元

摘要	直接材料	直接人工	制造费用	合计
月初在产品成本				
本月本步发生费用				
生产费用合计				
约当总产量				
单位成本				
转出半成品成本				
月末在产品成本				

第二车间产品成本计算单

产品：B半成品　　　　20××年3月　　　　单位：元

摘要	A半成品	直接人工	制造费用	合计
月初在产品成本				
本月本步发生费用				
生产费用合计				
约当总产量				
单位成本				
转出半成品成本				
月末在产品成本				

第三车间产品成本计算单

产品：甲产品　　　　20××年3月　　　　单位：元

摘要	B半成品	直接人工	制造费用	合计
月初在产品成本				
本月本步发生费用				
生产费用合计				
约当总产量				
单位成本				
完工产品成本				
月末在产品成本				

结转本月完工产品成本的会计分录：

产品成本还原计算表

产品：甲产品　　产量：550 件　20××年3月　　单位：元

摘要	成本项目					
	B 半成品	A 半成品	直接材料	直接人工	制造费用	合计
还原前总成本						
B 半成品成本构成比重						
B 半成品成本还原						
A 半成品成本构成比重						
A 半成品成本还原						
还原后总成本						
还原后单位成本						

2. 某公司生产甲产品，经过两个步骤逐步加工完成，材料在开始生产时一次投入。第一步骤月末在产品成本按固定数计算，第二步骤月末在产品成本按定额成本计算。有关资料如下：

资料（一）：

第一步骤成本计算单　　单位：元

摘要	材料	工资	费用	合计
费用累计	21 450	5 115	10 560	37 125
完工成本转出月末在产品成本	5 850	1 395	2 880	10 125

资料（二）：第二步骤费用定额：材料 63 元/件；工资 3.5 元/小时；费用 7.5 元/小时。月末在产品 60 件，已累计完成定额工时 440 小时。

资料（三）

第二步骤成本计算单

完工：270 件
在产品：60 件
单位：元

摘要	材料	工资	费用	合计
月初费用	4 920	2 260	5 805	12 985
本月本步费用	—	2 175	4 800	6 975

说明：(1) 半成品不通过仓库收发；

(2) 第二步骤在产品成本按定额成本计算。

要求：

根据上述资料，采用分项结转的分步法计算甲产品完工产品与月末在产品成本，并编制结转完工产品的会计分录。

第 9 章

产品成本计算的分类法

学习目标

◇ 了解分类法的特点；
◇ 熟悉分类法的核算程序；
◇ 通过核算，掌握分类法的具体应用。

分类法的基本内容

9.1 分类法的基本内容

成本计算分类法是指以产品的类别作为成本计算对象归集生产费用，计算各类完工产品总成本，再按一定标准分配计算类内各种产品成本的一种成本计算方法。在产品品种或规格繁多，并且可以按照一定标准划分为若干类别的企业或车间，如鞋厂、轧钢厂等，为了简化成本核算工作，可以考虑采用这种成本计算方法。但不能为了片面追求简化成本核算手续，任意扩大类别，否则会影响成本计算的准确性。

9.1.1 分类法的特点

分类法的特点归纳如下：

（1）分类法以产品的类别作为成本计算对象，归集该类产品的生产费用。直接费用直接计入，各类产品共同耗用的费用，采用一定的分配标准分配计入，汇总计算出该类产品总成本。

（2）分类法的成本计算期要根据生产特点及管理要求来确定。如果是大批量生产，结合品种法或分步法进行成本计算，则应定期在月末进行成本计算；如果与分批法结合运用，成本计算期可不固定，而与生产周期一致。

（3）采用分类法计算产品成本，如果月末在产品数量较多，应将该类产品生产费用总额在完工产品和月末在产品之间进行分配。

（4）由上述分类法的三个特点来看，分类法并不是一种独立的基本成本计算方法，它要根据各类产品的生产工艺特点和管理的要求，与品种法、分批法、分步法结合使用。

9.1.2　分类法的计算程序

分类法下产品成本计算的基本程序可归纳如下：

（1）合理确定产品类别，按产品类别设立成本计算单。采用分类法计算产品成本时，首先要将产品按照性质、结构、用途、生产工艺过程、耗用原材料的不同等标志，划分若干类别。如鞋厂可以按照耗用的不同原材料，将产品分为塑料鞋、布鞋、皮鞋三个类别；轧钢厂可根据产品的结构将产品分为原钢、钢板、角钢、钢管等类别。然后以产品类别作为成本计算对象设立成本计算单。

（2）在开设的成本计算单内，按照规定的成本项目汇集生产费用，计算各类产品的总成本。

（3）采用适当的方法计算类内各产品的总成本和单位成本。在求出每类产品的总成本后，选择合理的分配标准，在每类产品的各种产品之间分配费用，计算每类产品内各种产品的成本。同类产品内各种产品之间分配费用的标准，有定额消耗量、定额费用、售价，以及产品的体积、长度和重量等。选择分配标准时，应遵循相关性原则。各成本项目根据情况可以采用同一分配标准分配，也可以按照成本项目的性质，分别采用不同的分配标准分配，以使分配结果更加合理。

为了简化分配工作，也可以将分配标准折算成相对固定的系数，按照固定的系数分配同类产品内各种产品的成本，这种方法就是人们常说的系数分配法。现将系数分配法原理说明如下。

9.1.3　系数分配法

系数分配法是运用系数分配计算类内各规格产品成本的一种方法。所谓系数是指各种规格产品之间的比例关系。这种分配方法的关键是合理确定系数。系数一经确定，在一定时期内应稳定不变。

系数分配法的应用步骤是：

（1）确定分配标准，即选择与费用关系最密切的经济因素作为分配标准，比如，可根据具体情况选择定额消耗量、定额成本、计划成本、售价，以及产品的技术性指标如重量、体积和长度作为分配标准。但需明确，所选分配标准应与产品成本高低成正比例关系。

（2）将分配标准折算成固定系数。其方法是，在同类产品中选择一种有代表性的产品，如产销量大、生产正常、售价稳定的产品作为标准产品，设定其标准系数为“1”，并定出其他产品与标准产品系数的比率。

（3）折算出按标准产品相当的产量，计算公式是，标准产品总量（总系数）= 各种产品的实际产量 × 各自系数；最后，按标准产品总量（或总系数）分配类内各种（或各规格）产品的成本。

分类法例题

【例 9－1】 假设某厂生产 A、B 两大类产品，采用分类法计算产品成本。由于 B 类产品的核算方法与 A 类产品相同，故以 A 类产品成本核算为例。A 类产品有三种规格，以其中#2 产品作为标准产品。材料在生产开始时一次投入。A 类产品 6 月份有关产量、费用等资料如表 9－1、表 9－2 所示。

表 9－1　　A 类产品月末产量及定额记录

型号	月末产品		完工产品数量（个）	单位完工产品定额成本（元）
	在产品数量（个）	在产品完工程度（%）		
#1	600	20	200	30
#2	400	25	300	60
#3	250	30	500	72

表 9－2　　A 类产品费用资料

单位：元

摘要	直接材料	直接人工	制造费用	合计
月初在产品	20 000	11 000	1 400	32 400
本月发生费用	30 000	30 000	3 600	63 600
合计	50 000	41 000	5 000	96 000

根据上述资料，A 类产品内各型号产品成本计算过程如下：

（1）合理确定系数。已知资料给出各型号产品的单位定额成本，并且说明以#2 产品作为标准产品，则#2 产品系数为 1，#1 产品系数为 30/60 = 0.5；#3 产品系数为 72/60 = 1.2。

（2）计算总系数（即标准总产量）如表 9 - 3 所示。

（3）计算 A 类完工产品成本和月末产品成本。

由表 9 - 3 总系数计算表得知，完工产品总系数占合计总系数的比例分别为：

$$\text{完工产品材料系数比例} = \frac{\text{完工产品材料总系数}}{\text{合计投料总系数}} \times 100\% = \frac{(7)}{(9)} = \frac{1\ 000}{2\ 000} \times 100\% = 50\%$$

$$\text{完工产品人工系数比例} = \frac{\text{完工产品投工总系数}}{\text{合计投工总系数}} \times 100\% = \frac{(7)}{(10)} = \frac{1\ 000}{1\ 250} \times 100\% = 80\%$$

表 9 - 3　　　　总系数计算表

型号	系数	月末在产品				完工产品			合计	
		数量（个）	完工率（%）	投料总系数（个）	投工总系数	产量（个）	总系数	各型号完工产品系数占完工总系数比例（%）	投料总系数	投工总数（个）
投栏次	(1)	(2)	(3)	(4) = (1) × (2)	(5) = (3) × (4)	(6)	(7) = (1) × (6)	(8)	(9) = (4) + (7)	(10) = (5) + (7)
#1	0.5	600	20	300	60	200	100	10	400	160
#2	1	400	25	400	100	300	300	30	700	400
#3	1.2	250	30	300	90	500	600	60	900	690
合计				1 000	250	1 000	1 000	100	2 000	1 250

据此，完工产品应负担的材料成本及人工成本、制造费用成本分别按累计成本的 50%、80%、80% 结转。A 类产品生产成本明细账，如表 9 - 4 所示。

表 9 - 4　　　　生产成本明细账

产品名称：A 类产品　　　　20 × ×年 × 月　　　　单位：元

摘要	直接材料	直接人工	制造费用	合计
月初在产品	20 000	11 000	1 400	32 400
本月发生费用	30 000	30 000	3 600	63 600
合计	50 000	41 000	5 000	96 000
结转完工产品成本	25 000	32 800	4 000	61 800
月末在产品成本	25 000	8 200	1 000	34 200

（4）计算类内各型号产品的成本。

根据上述计算资料编制产品成本计算单，如表9－5所示。

表9－5　　　　A产品成本计算单

20××年×月　　　　单位：元

成本项目	A类产品总成本	#1（10%）		#2（30%）		#3（60%）	
		总成本	单位成本	总成本	单位成本	总成本	单位成本
直接材料	25 000	2 500	12.50	7 500	25.00	15 000	30.00
直接人工	32 800	3 280	16.40	9 840	32.80	19 680	39.36
制造费用	4 000	400	2.00	1 200	4.00	2 400	4.80
合计	61 800	6 180	30.90	18 540	61.80	37 080	74.16

上例若采用系数分配率法计算类内各产品成本，其做法是：在总系数计算表的基础上按不同成本项目计算系数分配率（即一个标准产量应负担的费用），然后，用类内各型号产品完工总系数（即完工标准产量）乘以系数分配率，即为每一型号产品应负担的材料、工资及制造费用的金额。系数分配率的计算公式如下：

$$系数分配率=\frac{各成本项目累计费用}{完工产品总系数（分成本项目）}$$

根据上述资料A类型号产品成本计算，如表9－6所示。

表9－6　　　　A类产品成本计算单

20××年×月　　　　金额单位：元

项目	总系数		总成本			
	投料	投工	直接材料	直接人工	制造费用	合计
系数分配率			25	32.80	4	
月末在产品	1 000	250	25 000	8 200	1 000	34 200
完工产品	1 000	1 000	25 000	32 800	4 000	61 800
其中：#1	100	100	2 500	3 280	400	6 180
#2	300	300	7 500	9 840	1 200	18 540
#3	600	600	15 000	19 680	2 400	37 080

表9－6中：

$$直接材料系数分配率=\frac{材料费用合计}{投料总系数}=\frac{50\ 000}{2\ 000}=25$$

$$直接人工系数分配率=\frac{人工费用合计}{投工总系数}=\frac{41\ 000}{1\ 250}=32.80$$

$$制造费用系数分配率=\frac{制造费用合计}{投工总系数}=\frac{5\ 000}{1\ 250}=4$$

采用系数比例法分配费用和按系数分配率分配费用，其计算结果必然相等。因为

$$\text{各型号完工产品负担费用}=\overbrace{\frac{\text{某型号总系数}}{\text{总系数之和}}\times\text{累计费用}}^{\text{按比例分配}}=\overbrace{\frac{\text{累计费用}}{\text{总系数合计}}\times\text{某型号总系数}}^{\text{按系数分配率分配}}$$

计算比例个数的多少取决于产品型号的多少，计算系数分配率的多少取决于成本项目的多少，因此，当产品规格型号较多时，采用系数分配率法计算较简单；反之，用系数比例法计算较简单。

9.2　联产品、副产品、等级产品的成本计算

9.2.1　联产品成本的计算

联产品成本的核算

联产品是指利用同种原材料，经过同一的生产过程，同时生产出两种或者两种以上的具有不同使用价值的主要商品产品。例如，炼油企业提炼原油时，可以同时提炼出汽油、煤油、柴油和机油等联产品。

1. 联产品成本计算的程序

由于联产品都是使用同样的原材料在同一生产过程中生产出来的各种产品，因而无法按每种产品归集费用直接计算其成本，而只能将同一生产过程的联产品视为同类产品，采用分类法计算其分离前的实际成本；然后采用一定的分配标准，在联产品中的各种产品之间分配成本。具体存在下列三种情况：

一是原材料投入后，经过同一生产过程，生产出若干不同的产品。其成本计算主要是把汇集的综合成本（即联合成本），选择适当的方法加以分配，以求出各种联产品成本。这里可以使用系数法和定额比例法。

二是原材料投入经过同一生产过程后，在某一“点”上分离为不同的联产品通常称这个点为“分离点”。某种产品分离出来后，直接进行销售，它就只能负担分离前的一部分成本。

三是某些联产品在“分离点”分离后，还需要进一步加工后再出售。这时，联产品的成本就是它所在分摊的分离前成本加上分离后

继续加工的成本。分离前成本即为综合成本，须采用一定的方法进行分配，类似第一种情况的做法；分离后的成本可以直接归集到某种联产品上去，二者相加构成该种产品整个生产过程的生产成本。

由此可见，联产品成本的计算主要由三部分构成：一是联产品分离点前的联合成本计算；二是分离点的联合成本分配；三是分离点后加工成本的计算。

其中的关键是确定分离点。因此，联合产品成本的计算程序是：

第一步，以全部联产品作为成本计算对象，设置产品成本明细账，归集生产费用，计算联产品的联合成本。

第二步，采用适当的方法分配联合成本，计算各种联产品成本。如果分离后的联产品需进一步加工，则该产品的成本应等于它负担的联合成本加上可归集的成本。

2. 联产品成本的分配方法

联产品成本的分配方法，常用的有实物量分配法、系数分配法、销价比例分配法、定额比例分配法和可实现净值分配法等，企业可根据实际情况选用。

（1）实物量分配法。实物量分配法是以产品在分离点处相应的产出份额为基础分配联合成本的方法。实物量可采用产品总产量的重量或容积等。其优点是计算比较简便；其局限性在于并不是所有的成本都与实物量具有直接的相关关系，因而对于有些成本来说其分配的结果并不十分合理。

（2）销价比例分配法。销价比例分配法是按各联产品的销价比例分配联合成本的方法。这种方法把联合成本的分配与联产品的最终销售价格联系起来，目的是使这些联产品能取得相同的毛利率，其理论依据是售价高的联产品应该成比例地负担较高的联合成本。在一般情况下，高销售价格与高成本是相对的，但不是所有的成本都与售价有关。这种方法一般适用于分离后不再加工的联产品。

【例 9 -2】 某制造业企业采用分类法计算产品成本，其中该企业生产的 A 类产品包括甲产品、乙产品、丙产品，其中甲产品为标准产品。该企业本月生产甲产品 1 000 公斤，乙产品 1 500 公斤，丙产品 2 500 公斤，本期发生的联合成本 157 500 元。假设其中甲产品为标准产品，售价为每公斤 60 元，其他两种产品根据其单位售价与甲产品单位售价的比例确定各自的标准产量，乙产品的售价为每公斤 45 元，丙产品的售价为每公斤 75 元，则联合成本的分担如表 9 -7 所示。

表9－7　　联合成本分担

产品	产量（公斤）	单价（元）	销售价值（元）	分配率（%）	应负担成本（元）	单位成本（元）	毛利（元）	毛利率（%）
甲	1 000	60	60 000	0.5	30 000	30	30 000	50
乙	1 500	45	67 500	0.5	33 750	22.5	33 750	50
丙	2 500	75	187 500	0.5	93 750	37.5	93 750	50
合计	5 000	180	315 000		157 500		157 500	

（3）可实现净值分配法。可实现净值分配法是按各联产品的可实现净值比例分配联合成本的方法。可实现净值是指产品的最终销售价值减去其可分成本的余额。

【例9－3】承接上例的资料，假设甲、乙、丙三种产品的可分成本分别为10 000元、12 500元和30 000元，用可实现净值分配法分配联合成本如表9－8所示。

表9－8　　可实现净值分配法分配的联合成本

产品	产量（公斤）	单价（元）	销售价值（元）	可实现净值（元）	分配率（%）	应负担成本（元）	单位成本（元）	毛利（元）	毛利率（%）
甲	1 000	60	60 000	50 000	0.6	30 000	30	30 000	50
乙	1 500	45	67 500	55 000	0.6	33 000	22	34 500	51.1
丙	2 500	75	187 500	157 500	0.6	94 500	37.8	93 000	49.6
合计	5 000	180	315 000	262 500		157 500		157 500	

分配联产品的联合成本的方法很多，企业应根据生产特点和管理要求选用合适的分配方法，既要保证方法简便易行，又要使分配的结果尽可能准确合理。

3. 联产品成本计算举例

【例9－4】某企业用同一种原材料，采用同一个生产工艺生产出A、B、C三种联产品。企业采用系数法分配联产品成本，以A产品为标准产品，以售价作为折算标准。A产品分离后，还需要继续加工成甲产品后才能对外销售，而B、C两种产品分离后可以直接对外出售，10月有关产品产量、单位售价和成本资料如表9－9、表9－10所示。

表 9－9　　产品产量和单位售价资料

20××年 10 月

产品名称	产量（件）	单位售价（元）
A 产品	150	300
B 产品	60	450
C 产品	30	600

表 9－10　　分离前后有关成本资料

20××年 10 月　　单位：元

项目	直接材料	直接人工	制造费用	合计
分离前的联合成本	60 000	30 000	30 000	120 000
分离后 A 产品（甲产品）的可归属成本	12 000	7 500	4 500	24 000
甲产品的月初在产品成本	90 000	36 000	24 000	150 000

甲产品本月完工入库 180 件，月末在产品数量 240 件。原材料采用随加工进度逐步投料的方式，月末在产品的完工率和投料程度均为 50%。按照约当产量比例法计算甲产品完工产品及月末在产品成本。

根据以上资料，首先，计算各种联产品的折算系数，并且根据系数计算各种产品的实际产量折算的标准产品产量。其次，按照系数法将联合成本在 A、B、C 三种联产品之间进行分配，并编制“联产品成本分配计算表”。最后，计算甲产品成本，并编制甲产品成本计算单。

（1）计算各种产品的标准产量。其计算方法和结果如表 9－11 所示。

表 9－11　　系数和标准产品产量计算表

20××年 10 月

产品名称	产量（公斤）	单价（元）	折算系数	标准产量（件）
A 产品	150	300	1	150
B 产品	60	450	1.5	90
C 产品	30	600	2	60
合计	—	—	—	300

（2）将联合产品成本在 A、B、C 三种联产品之间进行分配，并编制“联产品成本分配计算表”，如表 9－12 所示。

表 9－12　　　　**联合产品成本分配计算表**

20××年 10 月　　　　金额单位：元

产品名称	标准产量	直接材料		直接人工		制造费用		合计
		分配率	分配额	分配率	分配额	分配率	分配额	
A 产品	150		30 000		15 000		15 000	60 000
B 产品	90		18 000		9 000		9 000	36 000
C 产品	60		12 000		6 000		6 000	24 000
合计	300	200	60 000	100	30 000	100	30 000	120 000

估计 B、C 产品的验收入库单和联合产品成本分配计算表，作会计分录如下：

借：库存商品——B 产品　　　　36 000
　　　　　　——C 产品　　　　24 000
　　生产成本——基本生产成本——甲产品　　60 000
　　贷：生产成本——基本生产成本——联产品　　120 000

(3) 在甲产品成本计算单中计算甲产品成本，其计算方法和结果如表 9－13 所示（以品种法为例）。

根据表 9－13，作会计分录如下：

借：库存商品　　　　135 900
　　贷：生产成本——基本生产成本——甲产品　　135 900

表 9－13　　　　**甲产品成本计算表**

20××年×月　　　　单位：元

摘要	直接材料	直接人工	制造费用	合计
月初在产品成本	90 000	36 000	24 000	150 000
本月主成本	30 000	15 000	15 000	60 000
分离后可归成本	12 000	7 500	4 500	24 000
合计	132 000	58 500	435 000	234 000
约当产量	300	300	300	300
单位成本	440	195	145	755
产成品总成本	79 200	35 100	21 600	135 900
月末在产品成本	52 800	23 400	14 400	98 100

副产品成本的计算

9.2.2 副产品成本的计算

1. 副产品成本计算的特点

有些工业企业，在主要产品的生产过程中，还会附带生产出一些非主要产品，这些非主要产品就是副产品。例如，洗煤生产中产生的煤泥，制皂生产中产生的甘油等。副产品生产有两种情况：一种是生产主要产品同时生产的副产品，不需要进一步加工就可以对外销售或自用；另一种是生产主要产品的下脚料，进一步加工成副产品出售或自用。生产副产品，虽然不是企业生产的主要目的，但也可以满足社会需要，也有经济价值，因而也应该加强管理与核算。

（1）副产品与联产品的关系。副产品与联产品之间既有区别又有联系。两者的相同之处主要在于生产过程。副产品与联产品都是联合生产过程的产物，均是同源产品，都不可能按每种产品归集生产费用；联产出来的各种联产品、副产品性质和用途都不相同；联产过程结束后，有的产品可以直接出售，有的则需要进一步加工后再出售。

两者的区别主要在于价值大小。副产品销售收入相对主要产品而言为数轻微，在企业全部产品销售总额中所占比重很小，对企业效益影响不大。联产品销售价格较高，其生产的好坏直接影响企业的经济效益。联产品都是企业的主要产品，是企业生产经营活动的主要目标；副产品是次要产品，依附于主要产品，不是企业生产经营活动的主要目标。

实际上，联产品和副产品的划分标准并不固定，时间、地点和企业的管理策略常常改变着两者的划分。某些现在价值不大的副产品，随着科学技术的发展，外部环境的变化，因为有了新的用途而提高售价，对企业经济效益的影响不断增大，副产品则可能上升为联产品。而联产品中的某些产品，由于本来将其作为加工对象的那些企业找到了更为理想的替代材料，使其销量及价格都受到不利影响则可能降为副产品。在某个企业作为副产品的产品，在另外企业分离后经过进一步加工，其销售单价提高，也可能作为联产品。

如果副产品的比重较大，在企业产品中占有重要地位，这时，副产品就变为了联产品，应按联产品计算成本。

（2）副产品成本计算的特点。如果副产品的比重不大，为了简化成本计算工作，可以不单独计算成本，而采用与分类法相似的方法计算成本，即将副产品与主产品合为一类设立产品成本明细账，归集费用，计算成本；然后将副产品按照一定的方法计价，从总成本中扣除，扣除后的成本作为主产品的成本。

正确对副产品进行计价，对于正确计算主副产品的成本很重要，副产品计价既不能过高，以免把主要产品的超支转嫁到副产品上；也不能过低，以免把销售副产品的亏损转嫁到主产品上。如果副产品的售价不能抵偿其销售费用，副产品则不应计价，也就是说不从主产品成本中扣除副产品价值。

如果副产品与主产品分离后，还要进行加工，例如在制皂过程产生的含有甘油的盐水，在与主产品分离后，还要加入某些辅助材料，经过一定的加工处理，才能生产出甘油。这时，还应根据副产品加工生产的特点和管理要求，采用适当的方法单独计算副产品的成本。

2. 副产品成本计算方法

副产品的计价，可以根据不同情况分别采用不同方法，常见的方法包括以下四种：

（1）副产品不计价法。副产品不计价法是指副产品不负担分离前的成本，而将副产品的销售收入直接作为收益处理。这种方法一般适用于副产品分离后不再加工，而且其价值较低的情况。采用这种方法的优点是手续简便，但由于副产品成本是由主要产品负担的，从而会影响主要产品成本的准确性。

（2）副产品按分离后的成本计价法。采用这种计价方法时，副产品成本只包括分离后进一步加工的成本，不负担分离前的成本费用。这种方法的优缺点与前一种方法类同。

（3）副产品按固定成本计价法。这种计价方法是指将确定的固定成本作为副产品的成本，从主要产品成本中扣除。其中固定成本可按固定价格计价，也可以按计划单位成本计价。这种方法计算手续简便，但是，当副产品成本变动较大、市价不稳定时，会影响主要产品成本的正确性。

（4）副产品按销售价格扣除销售税金、销售费用后的余额计价法。副产品按销售价格扣除销售税金、销售费用后的余额计价法，也就是按副产品的售价减去按正常利润率计算的销售利润后的余额计价，以此作为分离前的共同成本中副产品应负担的部分。这种方法适用于副产品价值较高的情况。如果副产品与主产品分离以后，要进一步加工后才能出售，还应从售价中扣除分离后的加工费。

上述计价方法解决了产品分离前的联合成本中副产品应负担的部分的金额计量问题。副产品成本计算出来后，还需要考虑如何从联合成本中扣除的问题。

副产品成本从联合成本中扣除的方法可以有以下两种：

第一，将副产品成本从分离前联合成本中的“直接材料”成本项目中扣除；

第二，按副产品的计价额与其总成本的比例，分别从分离前联合成本的个成本项目中扣除。

第一种方法适用于副产品成本中直接材料费用所占比重较大或副产品成本在联合成本中占有一定比重的情况。选择什么计价方法，如何从联合成本中扣除，这是副产品成本计算中的一个主要问题，企业可根据实际情况合理进行确定。

【例 9－5】假定某工业企业在主产品——甲产品生产的过程中，还生产出可以加工成为副产品——乙产品的原料 5 000 千克。乙副产品按每千克 1.40 元的固定成本计价。甲、乙两种产品耗用原材料计入各自的成本计算单中，其他各项费用则按工时比例分配。月末在产品按直接材料的定额成本计算。假设乙产品月末在产品材料定额成本为 2 500 元，有关费用资料如表 9－14、表 9－15 所示。

表 9－14　　生产费用资料　　金额单位：元

项目		直接材料	工时	直接人工	制造费用	成本合计
月初在产品成本	甲产品	12 000				12 000
	乙产品	3 200				3 200
本月发生生产费用	甲产品	135 000	11 000			135 000
	乙产品		1 050			—
	合计	135 000	12 050	19 280	16 870	171 150
月末在产品成本	甲产品	15 600				15 600
	乙产品	2 800				2 800

表 9－15　　其他费用分配　　金额单位：元

项目	生产工时	工资及福利费	制造费用
分配率		1.6	1.4
甲产品（主产品）	11 000	17 600	15 400
乙产品（副产品）	1 050	1 680	1 470
合计	12 050	19 280	16 870

从甲产品成本计算单中扣除乙副产品的价值 7 000 元，编制甲、乙产品的成本计算单，如表 9－16、表 9－17 所示。

表 9－16　　**甲产品成本计算单**

20××年×月　　金额单位：元

摘要	产量	直接材料	直接工资	制造费用	合计
月初在产品成本		12 000			12 000
本月生产费用		135 000	17 600	15 400	168 000
减：副产品原材料价值		7 000			7 000
合计		140 000	17 600	15 400	173 000
完工产品成本	100	124 400	17 600	15 400	157 400
月末在产品成本		15 600			15 600

表 9－17　　**乙产品成本计算单**

20××年×月　　金额单位：元

摘要	产量	直接材料	直接工资	制造费用	合计
月初在产品成本		3 200			32 000
本月生产费用		7 000	1 680	1 470	10 150
合计		10 200	1 680	1 470	13 350
完工产品成本	400	7 400	1 680	1 470	10 550
月末在产品成本		2 800			2 800

另有一些工业企业，除了生产主要产品以外，有时还为其他企业提供少量加工、修理等作业。如果这些作业费用的比重很小，为了简化成本计算工作，也可以比照副产品的成本计算方法，与主要产品合为一类归集费用，然后将这些作业按照固定价格或计划单位成本计价，从总的生产费用中扣除，以其余额作为主要产品成本。

同样理由，工业企业的基本生产车间（例如机械厂的机加工车间），除了生产主要产品以外，如果还为本企业的其他车间和部门提供少量的加工和修理作业，这些作业也可以按照计划单位成本计价结算，不必计算和调整成本差异。也就是说，这些作业和主要产品也可以合并设立产品成本明细账，归集生产费用，然后从中转出按计划单位成本计算的作业成本。这些作业的实际成本与计划成本的差异由基本生产的主要产品成本负担。这样做，不仅可以简化成本计算工作，而且还便于受益车间的成本考核和分析。

9.2.3　等级产品成本的计算

等级产品是指使用同种原材料，经过同一生产过程，生产出性质相同但质量品级不同的产品。等级产品产生的原因，有主观原因，如管理不善、工人操作不慎或技术不熟练等；也有客观原因，如原材料质量、自然环境和工艺技术条件等。

不同等级产品的成本计算原则上不应有区别，即低等级品和高等级品的单位成本相同。等级产品成本的计算，实质上也是共同成本归集与分离的计算。等级产品成本费用的归集与联产品的共同成本一样，各种不同品级的产品一并作为同一成本计算对象，因为在生产活动终了之前无法确知未来产品的品级。这里所说的成本分离主要是指同一种产品共同成本在不同品级产品之间的分配。

等级产品共同成本分离的方法，应根据不同情况区别进行。如果是由于客观原因造成的等级产品，可采用分类法计算各等级品成本，一般可以单价作为分配标准，确定系数按比例分配计算各等级品成本；如果是由于主观原因造成的等级品，按品种法计算成本，即不同等级产品一起计算成本，低等级品和高等级品成本相同。低等级品价格低、效益低或造成损失，可反映企业工作的不足或过失及管理水平，也说明企业要提高经济效益，必须重视产品质量，提高高等级产品的比率。

等级产品与联产品、副产品有共同点也有不同点。共同点在于：均是使用同种原材料，经过同一生产过程生产出的产品。不同点在于：等级产品是品种相同而质量不同的产品，而联产品、副产品则是不同品种的产品。

本章小结

1. 分类法是指以产品的类别作为成本计算对象归集生产费用，计算各类完工产品总成本，再按一定标准分配计算类内各种产品成本的一种成本计算方法。在产品品种或规格繁多，并且可以按照一定标准划分为若干类别的企业或车间，如鞋厂、轧钢厂等，为了简化成本核算工作，可以考虑采用这种成本计算方法。但不能为了片面追求简化成本核算手续，任意扩大类别，否则会影响成本计算的准确性。

2. 分类法的特点：一是分类法以产品的类别作为成本计算对象，归集该类产品的生产费用。直接费用直接计入，各类产品共同耗用的费用，采用一定的分配标准分配计入，汇总计算出该类产品总成本。二是分类法的成本计算期要根据生产特点及管理要求来确定。如果是大批量生产，结合品种法或分步法进行成本计算，则应定期在月末进行成本计算；如果与分批法结合运用，成本计算期可不固定，而与生产周期一致。三是采用分类法计算产品成本，如果月末在产品数量较多，应将该类产品生产费用总额在完工产品和月末在产品之间进行分配。

(3) 分类法的计算程序：一是合理确定产品类别，按产品类别设立成本计算单。采用分类法计算产品成本时，首先要将产品按照性质、结构、用途、生产工艺过程、耗用原材料的不同等标志，划分若干类别。然后以产品类别作为成本计算对象设立成本计算单。二是在开设的成本计算单内，按照规定的成本项目汇集生产费用，计算各类产品的总成本。三是采用适当的方法计算类内各产品的总成本和单位成本。

(4) 系数分配法是运用系数分配计算类内各规格产品成本的一种方法。所谓系数是指各种规格产品之间的比例关系。这种分配方法的关键是合理确定系数。系数一经确定，在一定时期内应稳定不变。

(5) 联产品是指利用同种原材料。经过同一的生产过程，同时生产出两种或者两种以上的具有不同使用价值的主要商品产品。联产品成本的计算主要由三部分构成：联产品分离点前的联合成本计算；分离点的联合成本分配；分离点后加工成本的计算。其中的关键是确定分离点。

(6) 副产品成本计算方法。副产品的计价，可以根据不同情况分别采用不同方法，常见的方法包括：副产品不计价法、副产品按分离后的成本计价法、副产品按固定成本计价法、副产品按销售价格扣除销售税金、销售费用后的余额计价法。

本章关键术语

分类法、系数分配法。

本章综合复习题

一、思考题

1. 简述分类法的特点。
2. 分类法适用于怎样生产的企业？
3. 简述分类法成本核算程序。

二、选择题

1. 产品成本计算的分类法适用于（　　）。
   A. 品种、规格繁多的产品
   B. 可以按照一定标准分类的产品
   C. 品种、规格繁多，而且可以按照产品结构、所用原材料和工艺过程的不同划分为若干类别的产品
   D. 只适用大批大量生产的产品
2. 采用分类法的目的在于（　　）。
   A. 分类计算产品成本

B. 简化各种产品的成本计算工作

C. 简化各类产品的成本计算工作

D. 准确计算各种产品的成本

3. 按照系数比例分配同类产品中各种产品成本的方法（　　）。

A. 是一种完工产品和月末在产品之间分配费用的方法

B. 是一种单独的产品成本计算方法

C. 是一种简化的分类法

D. 是一种分配间接费用的方法

4. 可以或者应该采用分类法计算成本的产品有（　　）。

A. 联产品

B. 由于工人操作所造成的质量等级不同的产品

C. 品种、规格繁多，但可按规定标准分类的产品

D. 品种、规格多，且数量少，费用比重小的一些零星产品

5. 采用分类法计算成本的优点有（　　）。

A. 可以简化成本计算工作

B. 可以分类掌握产品成本情况

C. 可以使类内的各种产品成本的计算结果更为准确

D. 便于成本日常控制

三、判断题

1. 只要产品的品种、规格繁多，就可以采用分类法计算产品成本。（　　）

2. 分类法是以产品类别为成本计算对象的一种产品成本计算的基本方法。（　　）

3. 按照系数分配计算类内各种产品成本的方法，是一种简化的分类法。（　　）

4. 在按系数在类内各种产品之间分配费用的情况下，若系数是按消耗定额或费用定额计算确定的，则按系数分配的结果与直接按定额消耗量或定额比例分配的结果相同。（　　）

5. 分类法的适用与否与产品的生产类型有着直接的关系。（　　）

6. 产品内部结构、所用原材料、工艺技术过程完全相同，但由于工人操作而造成的质量等级不同的产品，可以应用分类法的原理，按照不同售价在它们之间分配费用。（　　）

7. 用分类法计算出的类内各种产品的成本具有一定的假定性。（　　）

四、核算题

[资料]

(1) 某工业企业大量生产甲、乙、丙三种产品。这三种产品的结构、所用原材料和工艺过程相近，因而归为一类（A 类），采用分类法计算成本。类内各种产品之间分配费用的标准为：原材料费用按各种产品的原材料费用系数分配，原材料费用系数按原材料费用定额确定（以乙产品为标准产品）；其他费用按定额工时比例分配。

(2) 甲、乙、丙三种产品的原材料费用定额和工时消耗定额如下。

①原材料费用定额。

甲产品：270 元

乙产品：300 元

丙产品：450 元

②工时消耗定额。

甲产品：10 小时

乙产品：12 小时

丙产品：15 小时

(3) 本月各种产品的产量。

甲产品：1 000 件

乙产品：1 200 件

丙产品：500 件

(4) 本月 A 类产品成本明细账见表（其中的月初、月末在产品成本按年初固定数计算）。

要求：

1. 编制原材料费用系数计算表。

2. 采用分类法分配计算甲、乙、丙三种产品的成本，编制产品成本计算表。

产品成本明细账

产品名称：A 类　　　　20××年×月　　　　单位：元

项目	原材料	职工薪酬	制造费用	成本合计
月初在产品成本	40 000	3 000	5 000	48 000
本月费用	900 600	111 650	175 450	1 187 700
生产费用合计	940 600	114 650	180 450	1 235 700
产品成本	900 600	111 650	175 450	1 187 700
月末在产品成本	40 000	3 000	5 000	48 000

第 10 章
作业成本法

学习目标

◇ 理解作业成本法的基本概念，基本特征，明确与传统成本法的区别；
◇ 掌握作业成本法的计算程序和应用；
◇ 理解基于作业成本法的相关成本管理。

知识拓展：
完全成本法
及其缺陷

10.1 作业成本法概述

10.1.1 作业成本法的概念

1. 作业

作业是指企业为了达到其生产经营目标而消耗资源的活动或事项。作业是成本计算的核心和基本对象，产品成本或服务成本是全部作业的成本总和，是实际耗用企业资源成本的终结。如签订材料采购合同、材料运达仓库、对材料进行质量检验、登记材料明细账等；又如加工车间进行的铣、刨、磨等加工活动；再如产品的质量检验、包装等，其中每一项具体的活动就是一项作业。执行任何一项作业都需要耗费一定的资源。一项作业可能是一项非常具体的活动，也可能泛指一类活动，比如加工车间进行的铣、刨、磨等加工活动可以统称为车间作业。

2. 作业成本法

作业成本法（activity based costing，ABC）是以作业为核心，确

认和计量耗用企业资源的所有作业，将耗用的资源成本准确地计入作业，然后选择成本动因，将所有作业成本分配给成本计算对象（产品或服务）的一种成本计算方法。作业成本法是一种比传统成本核算方法更加精细和准确的成本核算方法，在发达国家的企业中日益得到广泛应用。作业成本法基本理论认为，企业的全部经营活动是由一系列相互关联的作业组成的，企业每进行一项作业都要耗用一定的资源；而企业生产的产品（包括提供的服务）需要通过一系列的作业来完成。因而，产品的成本实际上就是企业全部作业所消耗资源的总和。

作业成本法的指导思想是："成本对象消耗作业，作业消耗资源"。在成本计算时，首先按经济活动中发生的各项作业来归集成本，计算作业成本；然后再按各项作业成本与成本对象（产品或服务）之间的因果关系，将作业成本追溯到成本对象中去，最终完成成本的计算。可用图 10－1 简要表示。

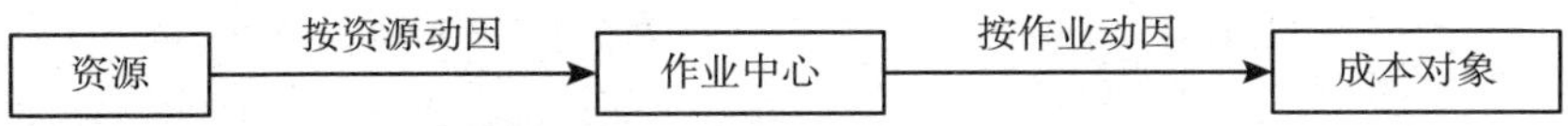

图 10－1　作业成本法的核算思路

作业成本法把直接成本和间接成本（包括期间费用）作为产品（服务）消耗作业的成本同等地对待，拓宽了成本的计算范围，使计算出来的产品（服务）成本更准确真实。

3. 成本动因

成本动因，又称为成本驱动因素，是对导致成本发生及增加的、具有相同性质的某一类重要的事项进行的度量，是对作业的量化表现。在作业成本计算中，成本动因分为资源动因和作业动因。

资源动因是引起作业成本变动的因素，资源动因被用来计量各项作业对资源的耗用，运用资源动因可以将资源成本分配给各有关作业。例如，产品质量的检验工作（作业），需要有检查人员、专用的设备，并耗用一定的能源（电力）等。检查作业作为成本对象耗用的各项资源，构成了检查作业的成本。其中，检查人员的工资、专用设备的折旧费等成本一般可以直接计入检查作业的成本，而能源成本需要按照设备的额定功率和开动时间来分配。

作业动因是引起产品成本变动的因素。作业动因计量各种产品对作业耗用的情况，并被用来作为作业成本的分配基础。比如，某车间生产若干种产品，每种产品按若干批次完成，每批产品完成后都要进行质量检验。假定对任何产品的每一批质量检验成本相同，则检验次数就是检验成本的作业动因，它是引起产品检验成本变动的因素。某种产品检验作业成本等于该种产品的批次乘以每次检验发生的成本。

10.1.2 作业成本法的特点

作业成本法的主要特点，是相对于以产量为基础的传统成本计算方法而言的。

1. 成本计算分为两个阶段

根据作业成本法的基本思想，作业成本法把成本计算分为两个阶段：第一阶段，将作业执行中耗费的资源追溯到作业，计算作业的成本并根据作业动因计算作业成本分配率；第二阶段，根据计算的作业成本分配率和产品所耗费的作业数量，将作业成本追溯到各相关产品，见图 10－2。

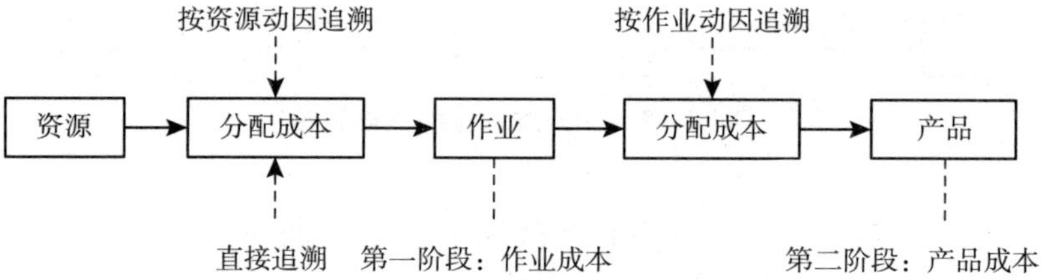

图 10－2　作业成本法的二阶段分配成本

传统的成本计算方法是把生产活动中发生的资源耗费，通过直接计入和分摊两种方式计入产品成本，即“资源→产品”。作业成本法下的成本计算过程可以概括为：“资源→作业→产品”。

2. 溯本求源：成本分配强调可追溯性

作业成本法认为，将成本分配到成本对象有三种不同的形式：直接追溯、动因追溯和分摊。作业成本法的一个突出特点，就是强调以直接追溯或者动因追溯的方式计入产品成本，而尽量避免分摊方式。

3. 成本追溯使用众多不同层面的作业动因

作业成本法的独到之处，在于它把资源的消耗首先追溯到作业，然后使用不同层面和数量的作业动因将作业成本追溯到产品。每一层面的动因远不止 1～2 个，从运用作业成本法计算产品成本的企业实践来看，一般使用的动因在 30～50 个。采用不同层面的、众多的成本动因进行成本分配，要比采用单一的分配基础更加合理，更能保证成本的准确性。

10.1.3　作业成本法的使用条件

作业成本法不是对所有的企业均能恰当适用，如果企业规模较小，或制造费用较低，或作业不稳定等则不宜采用。若采用作业成本法应满足一定的条件，具体如下：

（1）在产品的成本构成中，制造费用所占的比例较大，且非产量因素引起的制造费用比重大。比如，生产系统化的企业，系统和软件费用、设备投资费用、研究开发费用等比重大，适合此应用。若是比例小，对产品成本分配的正确性影响较小，运用传统的成本计算方法就可以了。

（2）各产品需要的技术性服务层次存在明显差异，比如，各产品设计的复杂程度不同，生产准备时间不同，机器加工的时间长短不同，质量检测次数上的差别等。若对较大差异的产品采用统一的分配标准，必然不妥或不公平，这样应分出作业，按成本动因分配。

（3）产品制造过程复杂，作业环节多，各产品耗用不同作业成本且比例不同，采用作业成本法具有优越性。

（4）企业的规模较大，产品种类较多。只有规模较大时，才可有有效的作业分工，降低制造费用才有可能，大量生产才可降低单位产品负担的制造费用，这是运用该法的必备条件。

（5）有先进的计算机系统和高素质的成本管理人才。作业成本法较为烦琐，程序复杂，工作量大，仅靠手工恐怕不易实现，若企业实现会计信息化，并配以高素质管理人才，才可保证成本报告的准确、即时、可靠。

10.2　作业成本法的核算原理

10.2.1　作业成本法的核算程序

作业成本法的核算可以划分为四个具体的步骤：

1. 作业的认定

作业的认定就是对每项消耗企业资源的作业进行定义，识别每项作业在生产活动过程中的作用、与其他作业的区别，以及每项作业与耗用资源的联系。作业认定有两种方式：一种形式是根据企业总的生产流程，自上而下地进行分解。比如，根据生产流程分析和工厂的布置可知，由于原材料仓库与生产车间之间有0.6千米的距离，必然存在材料的搬运作业，这项作业就是将原材料从仓库运到生产车间。另一种形式是通过与员工和经理进行交谈，自下而上地确认他们所做的工作，并逐一认定各项作业。比如与进行搬运的员工进行交谈，问“你是做什么的”，很容易得出生产过程有这样一项搬运作业。

为了对认定的作业进一步分析、归类和建立作业同质组，在作业的认定后，需按顺序列出作业清单。表10－1是一个以变速箱制造企业为背景的作业清单示例。

表10－1　　变速箱制造企业作业清单示例

作业名称	作业说明
材料订购	选择供应商、签订合同、明确供应方式等
材料检验	对每批购入的材料进行质量和数量检验
生产准备	产品投产前进行设备，工装调整等准备工作
发放材料	将产品所需的原材料发放到各车间
材料切割	将管材、圆钢切割成适宜机器加工的毛坯件
车床加工	使用车床加工零件
……	……

2. 确定作业中心

一家企业的生产活动是很复杂的，往往由十几项、上百项甚至数百项作业组成。如果按照每项作业归集成本，计算分配率，固然可以精确地将成本追溯到有关产品，但是，成本的计算工作不胜其烦，采用作业成本法本身的成本也会很高。因而，需要在作业的基础上进行“合并同类项”的工作，建立作业中心是实施作业成本法中的重要工作。根据重要性原则，对所有作业进行筛选，对于成本影响大的作业，可以确定为一个独立的作业中心；对于成本影响不大的作业，按一定的要求合并在一起作为一个作业中心。

3. 以作业中心为成本库进行归集和分配成本

成本库就是将同质组内各项作业的成本归集在一起，形成一个成本集合，用以进行生产费用的归集和分配。建立同质组和相应的成本库后，即可把同质组内的各项作业视同为一个作业，使用同一个作业动因，将成本库的全部成本分配给有关产品。纳入同一个同质组的作业，必须同时具备以下两个条件：第一个条件是必须属于同一类作业，即必须是同一个水准的作业；第二个条件就是对不同产品来说，有着大致相同的消耗比率。作业成本分配率的计算按照计算依据分实际成本和预算成本两种方法：实际作业成本分配率和预算或正常作业成本分配率，计算方法如下：

（1）实际作业成本分配率的计算。实际作业成本分配率是根据实际作业成本和实际作业产出计算的。实际作业成本是指，在会计期末各成本库内归集的在作业执行中所耗费的各项资源的成本。实际作业产出则是会计期间内实际完成的作业量。计算公式如下：

$$\text{实际作业成本分配率}=\frac{\text{当期实际发生的作业成本}}{\text{当期实际作业产出}}$$

该方法多用于作业产出比较稳定的企业。其优点是，以此计算的成本是实际成本，因而无须分配实际成本与预算成本的差异。其主要缺点是，作业成本资料只能在会计期末才能得到，不能随时提供进行决策的有关成本信息；不同的会计期间作业成本不同，作业需求量不同，因而造成分配率的波动，进而影响产品成本的忽高忽低；容易忽视作业需求变动对成本的影响，不利于划清造成成本高低的责任归属。

（2）预算或正常作业成本分配率的计算。预算作业成本分配率是根据预算年度预计的作业成本和预计的作业产出（即作业需求）计算的。正常作业成本分配率是根据预算年度预计的作业成本和正常的作业产出计算的。正常的作业产出是指企业在 1 年以上较长时间内作业实际产出的平均水平。计算公式如下：

$$\text{预算（正常）作业成本分配率}=\frac{\text{预计作业成本}}{\text{预计（正常）作业产出}}$$

预算或正常作业成本分配率可以克服实际作业成本分配率的缺点。其优点是，便于随时提供决策所需的成本信息；可以避免产出作业成本变动和作业需求不足而引起的作业成本波动；有利于及时查清成本升高的原因。

4. 将作业成本库的成本追溯到各产品，计算产品成本

首先将成本追溯到产品，然后在完工产品和在产品之间进行分配，并计算完工产品和在产品的成本。对于可以直接追溯到产品的原材料等直接成本，其计入产品成本的方法与传统方法无异，直接追溯即可。完工产品和在产品之间的成本分配也与传统方法没有多大区别。

作业成本法的
应用和具体核算

10.2.2 作业成本法的应用和具体核算

【例10－1】 宏达公司仅生产甲、乙两种产品，甲产品的结构要比乙产品复杂。这两种产品的售价分别为42元和28元。甲、乙两种产品的产量分别为50 000件和500 000件；耗用的直接材料分别为600 000元和4 200 000元；直接人工分别为10 000工时和50 000工时；小时工资率为10元。两种产品耗用的制造费用及作业量见表10－2、表10－3。

知识拓展：
作业成本法的
应用

表10－2　　制造费用表　　单位：元

项目	金额
原料处理费	300 000
维护费	900 000
电费	450 000
设备折旧	1 350 000
检验费	400 000
调整与准备费用	600 000
物料成本	400 000
生产计划制订费	800 000
合计	5 200 000

表10－3　　作业量表

作业类别	成本动因	甲产品		乙产品	
		数量	比例	数量	比例
原料处理	搬运次数	1 000	1/3	2 000	2/3
设备维护	维护时数	2 000	1/3	4 000	2/3
电力消耗	千瓦小时	100 000	1/3	200 000	2/3
设备折旧	机器小时	20 000	1/4	60 000	3/4
检验	检验小时	3 000	1/2	3 000	1/2
调整与准备	整备次数	1 000	1/2	1 000	1/2
物料消耗	物料成本	50 000	1/8	350 000	7/8
制订生产计划	生产批次	2 000	1/2	2 000	1/2

按照作业成本法计算甲、乙产品的单位生产成本步骤如下：

（1）计算直接成本，见表10－4。

表 10－4　　直接成本计算表　　单位：元

成本项目	甲产品	乙产品
直接材料	600 000	4 200 000
直接人工	100 000	500 000
合计	700 000	4 700 000
产量	50 000	500 000
单位直接成本	14	9.4

（2）确定成本库和分配费用。

①第一成本库。

检验费　400 000 元
调整准备费用　600 000 元
生产计划制订费　800 000 元
合计　1 800 000 元
成本动因数量　6 000 检验小时
成本库分摊率　300 元/检验小时
甲产品分配费用：$300\times3\ 000=900\ 000$（元）
乙产品分配费用：$300\times3\ 000=900\ 000$（元）

②第二成本库。

原料处理费　300 000 元
设备维护费　900 000 元
电费　450 000 元
合计　1 650 000 元
成本动因数量　300 000 千瓦小时
成本库分摊率　5.5 元/千瓦小时
甲产品分配费用：$5.5\times100\ 000=550\ 000$（元）
乙产品分配费用：$5.5\times200\ 000=1\ 100\ 000$（元）

③第三成本库。

物料成本　400 000 元
成本动因数量　400 000 元
成本库分摊率　1
甲产品分配费用：$1\times50\ 000=50\ 000$（元）
乙产品分配费用：$1\times350\ 000=350\ 000$（元）

④第四成本库。

设备折旧　1 350 000 元

合计　　　　　　　　　　1 350 000 元
成本动因数量　　　　　　80 000 机器小时
成本库分摊率　　　　16. 875 元/机器小时
甲产品分配费用：16. 875 ×20 000 =337 500（元）
乙产品分配费用：16. 875 ×60 000 =1 012 500（元）
（3）计算甲产品和乙产品成本，见表 10 -5。

表 10 -5　　甲、乙产品成本计算表　　单位：元

项目	甲产品	乙产品
第一成本库	900 000	900 000
第一成本库	550 000	1 100 000
第一成本库	50 000	350 000
第一成本库	337 500	1 012 500
合计	1 837 500	3 362 500
产量	50 000	500 000
单位制造费用	36. 75	6. 73
单位直接成本	14	9. 40
单位生产成本	50. 75	16. 13
单价	42	25
单位产品毛利	-8. 75	8. 87

10. 3　作业成本法的评价

10. 3. 1　作业成本法的优点

作业成本法在多方面存在优越性：

（1）使产品成本计算更加准确，有利于定价作业成本法使间接费用分配由全厂统一分配改为按若干个作业中心的成本库进行分配。同时增加了分配标准，按成本动因多种标准分配。产品成本计算以作业为基础，指明了成本费用的用途，即指明每项成本费用用于何种作业，成本的归集真实地反映了成本的去向，即用于何处。所以，作业成本法下，成本信息比现行成本计算方法下的成本信息更精确。

（2）优化产品组合，提高企业战略经营水平。通过作业划分、分配制造费用，可以真实分析各产品获利能力，改进产品组合，增加

有利产品，消减成本较高产品，有利于企业战略计划。

(3) 推进作业管理，改进成本预算与控制，降低成本。对成本控制落实到每一个作业中，以作业为核心进行分析，结合适时生产系统和全面质量管理进行有效的弹性和变动预算。

(4) 有利于责任中心划分，建立责任业绩评价。与责任会计结合，以各个作业建立责任成本中心，控制资源消耗，评价各中心的业绩。

10.3.2　作业成本法的缺点

作业成本法不免也存在一些局限性：

(1) 作业成本法由于信息来源可靠性的制约，作业成本法对信息的数量和质量要求较高。实际工作中，作业中心人员可能出于自身的考虑，不愿提供真实的信息，从而数据不可靠，再加上会计处理方法可选择性和任意性，正确性将受到影响。

(2) 作业成本法的实施成本较高。若要实施作业成本法，企业必须建立一套成本信息处理和管理制度，应用计算技术，并对有关人员进行知识培训。这些基础工作要耗费人力、物力、财力，增加成本。

(3) 作业成本法不能排除成本计算中的主观性因素，在作业如何划分、建立多少个作业、成本动因如何选择、成本动因数量怎样衡量等，均带有决策人员的主观性和一定的片面性，影响了作业成本法的有效性。

10.3.3　作业成本法与传统成本法的比较

1. 作业成本法与传统成本计算法的计算程序比较

作业成本计算法的计算程序按两个阶段进行。第一阶段，作业消耗资源。即资源所含的价值按作业需要分配到各个作业成本池（activity cost pool）；第二阶段，成本计算对象（产品）消耗作业。由于产出需要作业，因此要将各作业成本库的成本分配成本计算的对象。它的成本计算程序是，归集、分配和再分配。

传统的制造费用分配方法的计算程序则是依据各种记账凭证和各种费用分配表，如材料费用、外购动力费用、工资费用、折旧费用、辅助生产车间费用等分配表，汇总登记归集。其后选择一个或几个具有共性的分配标准对制造费用进行分配后计入产品成本。

2. 作业成本计算法与传统成本计算法的分配标准比较

制造费用的分配是否正确、合理，与保证产品制造成本计算的准确性有着密不可分的联系。合理的制造费用分配标准的确定应当满足“共有性”“比例性”“可计量性”“稳定性”等原则。

作业成本计算法采用典型的“成本驱动因子”作为分配标准，是对传统的制造费用分配方法的一项重大变革与突破。作业成本计算法以成本驱动因素作为连接资源与产品的中介，成本的归集与分配需首先计算作业耗用的资源成本，然后再计算产品所消耗的作业成本。除了产品是最终的成本计算对象，作为中介的“作业”也就成了新的成本计算对象，并成为联系资源与产品的纽带。

按“作业消耗资源”“产品消耗作业”两个阶段方式的归集步骤和选用成本动因作为分配标准，改变了传统成本核算方法的“大一统”和“简单化”程式，细化了成本的归集与分配程序，进一步考虑并反映了不同产品实际耗用资源情况，使之能够针对不同产品实际耗用资源情况选用成本动因并作为分配标准分配生产费用，使产品成本的计算更为准确、更加合理。

而传统的制造费用分配方法的分配标准主要有：直接人工工时标准、机器工时标准、耗用直接材料量标准以及按标准产量标准等。由于产品有共性，决定了这些分配标准也具有一定的“共性”。对于生产具有这种“共性”产品，而且制造费用比重不大的企业来说或许是合理的。因为按这些分配标准所造成的成本失真，并未超出标准所允许的范围。但是，随着科学技术的发展，单位产品中直接人工工资比例大幅下降，固定制造费用则大幅度上升，再按照传统的分配标准，其结果必然导致成本的严重扭曲。

本章小结

1. 作业成本法是以作业为核心，确认和计量耗用企业资源的所有作业，将耗用的资源成本准确地计入作业，然后选择成本动因，将所有作业成本分配给成本计算对象（产品或服务）的一种成本计算方法。

2. 作业成本法的核算通常包括四个步骤：(1) 确认作业；(2) 确定作业中心；(3) 以作业中心为成本库归集和分配成本；(4) 计算产品总成本和单位成本。

本章关键术语

作业 、作业成本法、作业动因、作业中心。

本章综合复习题

一、思考题

1. 解释作业、作业成本法、成本动因的含义。
2. 区分作业成本法与传统成本法的差异。
3. 简述作业成本法的具体计算程序。

二、选择题

1. 关于作业成本法，下列说法错误的是（　　）。

A. 作业成本法强调产品“消耗”的作业成本，包括全部生产能力成本

B. 传统的成本计算方法下一些不可控的间接费用在作业成本系统中变为可控

C. 作业成本法的思想是产品消耗作业、作业消耗资源

D. 作业成本法不是一种独立于传统成本计算方法之外的新的成本计算方法

2. 作业成本计算法最重要的优点在于（　　）。

A. 促进企业组织方式变革

B. 作业的计量和分配较为客观

C. 促使管理人员加强成本控制

D. 简化了成本计算程序

3. 选择作业中心间接成本的分配标准时，对自动化设备作业的衡量标准应选择（　　）。

A. 定单数量　　　　B. 产品批量

C. 直接人工工时数　　　　D. 机器工时数

4. 作业成本计算法下间接成本与产量之间的关系为（　　）。

A. 订购量越大，采用作业成本法计算的单位成本越低

B. 订购量越大，采用作业成本法计算的单位成本越高

C. 订购量越小，采用作业成本法计算的单位成本越低

D. 无论订购量多少，计算出的单位成本都是相同的

5. 下列对作业成本计算法不正确的表述是（　　）。

A. 作业成本计算法的应用受到适用条件的限制

B. 作业的计量和分配带有一定的主观性

C. 成本动因有着严谨的判断方法

D. 作业成本计算法并没有解决与作业活动无关的间接费用分配问题

三、计算分析题

1. 某企业本月生产A、B两种产品，本月生产资料及制造费用如下表所示。

生产资料情况表

项目	A产品	B产品
产品产量（件）	200	200
生产批次（次）	15	5
机器小时（小时）	2 400	1 600

制造费用明细表

项目	金额（元）	成本动因
装配费用	44 000	机器工时
质量检查费用	40 000	生产批次
设备调整费用	36 000	生产批次
合计	120 000	

要求：

（1）采用传统成本法分配制造费用（按机器工时比例分配）；

（2）采用作业成本法分配制造费用。

2. 某企业生产A、B两种产品，20××年×月有关资料如下：

（1）A、B两种产品产量分别为100件和200件，直接计入产品的单位材料成本分别为50元/件和80元/件，直接计入产品的单位人工成本分别为40元/件和30元/件。

（2）本月发生的制造费用总额为50 000元，有关资料如下表所示：

作业名称	成本动因	作业成本（元）	A耗用作业量	B耗用作业量
质量检验	检验次数	4 000	5	15
订单处理	生产订单份数	4 000	30	10
机器运行	机器小时数	40 000	200	800
设备调整准备	调整准备次数	2 000	6	4

要求：

（1）用作业成本法计算 A、B 两种产品的单位成本；

（2）采用传统成本计算法计算 A、B 两种产品的单位成本（以机器小时作为制造费用的分配标准）；

（3）根据上述计算，对作业成本法与传统成本计算方法加以比较。

第 11 章 成本报表的编制与分析

学习目标

◇ 熟悉成本报表的特点和编制要求；
◇ 掌握成本报表的分析方法；
◇ 掌握产品生产成本报表的编制及其分析；
◇ 掌握主要产品单位成本表的编制及其分析。

知识拓展：
成本报表与财务报表的区别

11.1 成本报表的编制

11.1.1 编制成本报表的意义

成本报表主要是根据企业日常成本核算资料定期编制，用来反映企业一定时期产品成本和期间费用水平及构成情况的报告文件。根据我国现行的企业会计准则和会计制度等相关规定，在企业会计报表体系中，成本报表不作为企业向外报送的会计报表，而主要是为了满足企业内部管理需要而设置的内部会计报表。

编制成本报表的意义如下：

（1）企业职工可以了解到自己完成成本计划的业绩、经验和差距，并能了解到整个企业成本计划的执行情况，以便监督企业的经济活动。

（2）企业的各级管理部门可从成本报表中了解费用预算的执行

情况、各成本项目的变动趋势和成本降低任务的完成动态等资料，及时找出经营管理中存在的缺陷，以便采取相应的改进措施。

（3）通过对成本报表的分析，可明确各责任单位的业绩和责任。

（4）企业领导通过成本报表可以了解企业成本管理的现状和发展趋势，并与其他方面的信息联系起来加以综合分析，为企业的经营决策提供及时有效的依据。

11.1.2 成本报表的特点及编制要求

1. 成本报表的特点

成本报表属内部报表，由企业自行设计和填制，旨在为企业内部提供必要的信息。其特点表现在：

（1）成本报表不受外界因素的影响；

（2）成本报表在特定环境下产生，它与企业特定的生产工艺特点和生产组织形式有着密切的关系；

（3）成本报表是会计核算资料与其他技术经济资料密切结合的产物，具有综合性的特点；

（4）成本报表具有及时、灵活、实用的特点。

2. 成本报表的编制要求

为了满足企业各阶层对成本报表的需要，企业成本报表的编制应符合下列基本要求：

（1）在会计计量和填报方法上，应保持前后会计期间的一致性，以便成本信息使用者正确利用。对各期均需编制的成本报表，在不同时期，会计处理方法及成本报表填制方法上的差别，会造成成本信息的差异，这必将给成本信息使用者的决策带来不利的影响。因此，对各期都要编制的成本报表，其前后各期的会计处理方法应保持一致，不得随意变更。如因企业经济业务性质和特点发生了较大变化，或通过一定时期的会计工作实践，发现原有的成本会计处理方法有待完善，需要改进等特殊情况发生时，必须更改原来的处理方法，那么，应在变更后的报表说明中阐明改变的原因和改变后的影响。

（2）成本报表的编制要客观、及时，成本信息要具有相关性和可靠性。客观性是对会计核算工作和会计信息的基本质量要求，也是对成本报表编制的基本要求。它要求企业编制的成本报表能如实反映资金的耗费情况，做到内容真实、数字准确、资料可靠。在当今社会，企业各界对成本信息的及时性要求越来越高，这就要求企业财会部门必须及时收集有关成本信息，并及时加工处理、及时传递给信息使用者。另外，对企业发生的例外成本事项，也要及时编报、及时反映，以满足企业加强内部成本及经营管理的需要。

（3）成本报表反映的内容要完整，以便于报表使用者理解和利用。内容完整是指报表填列的各项指标和文字说明要求全面、清楚地反映经济活动中有关成本的各项关系，对某些重要的成本资料，如果原设计的成本报表规定项目内容容纳不下，可以采用在相关项目用括号注明、加附注或其他形式加以说明。但需明确，对于反映某一特定事项的成本报表，如果该事项本期已消失，那么，该成本报表本期可不予编制。另外，企业还可设置不定期的成本报表，以适应临时性、偶然性的需要。

11.1.3 成本报表的编制

1. 成本报表编制的资料来源

成本报表种类繁多，指标体系庞大，数据来源也非常复杂，弄清这些指标的数据来源的基本渠道，是编制成本报表的前提条件之一。

一般而言，成本报表的数据从理论上来说，源于且只能来源于会计的各类文件。但为了满足企业各有关方面对成本信息的需要，在指标内容和构成中，超越会计约束，将一些非会计的数据资料加工成各种指标，在成本报表中予以揭示，在实际工作中也是常见的，也是正常的、合理的。

所以，成本报表数据的来源主要有两个渠道，即会计数据来源和其他数据来源。从数据的时效看，可分为当期资料与历史资料。

会计数据来源是成本报表资料主要渠道，其构成内容可进一步划分为以下两个方面：第一，会计账簿资料。它包括总分类账、明细分类账、备查账簿等。例如，报表中的本期实际成本和本年累计实际情况资料，就来自各成本明细账。第二，会计凭证资料。会计账簿资料是成本报表资料的基本来源，但有些项目指标仍需根据会计凭证进行填报。

其他数据来源主要指企业的统计、计划资料及业务核算资料。它主要用于填列一些与本年计划要求相比较的项目以及附在表后的一些有关的经济指标，如职工工资总额、全年平均职工人数，以及其他主要技术经济指标等。

2. 产品生产成本表的编制

产品生产成本表是反映企业在报告期内生产的全部产品总成本的报表。该表一般分为两种：一种按成本项目反映，另一种按产品种类反映。两种报表各有不同的结构、作用和编制方法。

（1）按成本项目反映的产品生产成本表的编制。按成本项目反映的产品生产成本表是按成本项目汇总反映工业企业在报告期内发生的全部生产费用，以及产品生产成本合计数的报表。该表一般由生产费用和产品生产成本两部分构成。生产费用部分按成本项目反映报告期内发生的各种生产费用及其合计数；在此基础上加上在产品和自制半成品的期初余额，减去在产品和自制半成品的期末余额，计算出产品生产成本的合计数。这些费用和成本，可按上年实际数、本年计划数、本月实际数和本年累计实际数分栏反映。这种报表的格式如表 11－1 所示。

表 11－1　　产品生产成本表

（按成本项目反映）

单位名称：　　20××年 12 月　　单位：元

项目	上年实际	本年计划	本月实际	产品本年累计实际
生产费用				
直接材料费用	21 188	20 565	2 072	20 063
直接人工费用	8 727	9 692	803	8 120
制造费用	10 154	10 403	1 049	8 730
生产费用合计	40 069	40 660	3 924	36 913
加：在产品、自制半成品期初余额	2 142	2 050	216	404. 50
减：在产品、自制半成品期末余额	3 400	5 440	783. 5	783. 5
产品生产成本合计	38 811	37 270	3 356. 5	36 534

产品生产成本表按成本项目反映可以反映报告期内全部产品生产费用的支出情况和各种费用的构成情况；将本表本年累计实际生产费用及产品生产成本与本年计划数和上年实际数相比较，可以考核和分析年度生产费用及产品生产成本计划执行情况及本年比上年生产费用及产品生产成本的升降情况。

该表的填列方法如下：

①上年实际数应根据上年 12 月份本表的本年累计实际数填列。

②本年计划数应根据成本计划有关资料填列。

③本年累计实际数应根据本月实际数，加上上月份本表的本年累计实际数计算填列。

④按成本项目反映的本月各种生产费用数，根据各种产品成本明细账所记本月生产费用合计数，按照成本项目分别汇总填列。

⑤期初、期末在产品、自制半成品的余额，根据各种产品成本明细账的期初、期末余额分别汇总填列。

⑥产品生产成本合计数根据表中的生产费用合计数，加、减在产品、自制半成品期初、期末余额求得。

（2）按产品种类反映的产品生产成本表的编制。按产品种类反映的产品生产成本表，是按产品种类汇总反映工业企业在报告期内生产的全部产品单位成本和总成本的报表。通过本表，可以了解企业全部产品成本计划的执行情况，以及可比产品成本降低任务的完成情况。产品生产成本表按产品种类反映的格式如表 11－2 所示。

产品成本表按可比产品和不可比产品分别反映其单位成本和总成本。可比产品是指以前年度或上年度曾经生产过的产品。不可比产品是指以前年度或上年未正常生产过的产品。对可比产品而言，因需要同上年度实际成本作比较，所以产品成本表中不仅要列示本期的计划成本和实际成本，而且还要列示按上年实际平均单位成本计算的总成本。对不可比产品而言，因没有上年的实际单位成本可比，所以只列示计划成本和实际成本。

本表填列方法如下：

①“产品名称”栏按企业规定的主要商品产品的品种分项列示。

②“实际产量”栏数字，根据成本计算单或产成品明细账等资料所记录的本月和从年初起到本月末止的各种主要产品实际产量填列。

③“单位成本”栏数字分别按上年度本表所列各种可比产品的全年实际平均单位成本、年度成本计划的有关数字以及本年度成本计算单的有关数字填列。

④“本月总成本”栏按本月产品产量分别乘以上年实际单位平均成本、本月计划单位成本和本月实际单位成本的积填列。

⑤“本年累计总成本”栏按本年累计实际产品产量分别乘以上年实际平均单位成本，本年计划单位成本和本年累计实际平均单位成本的积填列。

⑥补充资料中，可比产品的降低额和降低率，可按下列公式计算后填列：

$$\text{可比产品成本较低额}=\text{按上年实际平均单位成本计算的可比产品总成本}-\text{本年可比产品实际总成本}$$

$$\text{可比产品成本降低率}=\frac{\text{可比产品成本降低额}}{\text{按上年实际平均单位成本计算的可比产品总成本}}\times 100\%$$

表 11-2

产品生产成本表

（按产品种类反映）

金额单位：元

产品名称	规格	计量单位	实际产量			单位成本				本月总成本			本年累计总成本		
			本月实际	本年计划	本年实际累计	上年实际平均	本年计划	本年实际	本年累计实际平均	按上年实际平均单位成本计算	按本年计划单位成本计算	本月实际	按上年实际平均单位成本计算	按本年计划单位成本计算	本年实际
可比产品合计	—	—	—	—	—	—	—	—	—	3 825	3 460	3 062.50	40 995	37 110	33 735
其中：															
1. 甲产品		件	30	310	315	61	56	48	49	1 680	1 830	1 440	19 215	17 640	15 435
2. 乙产品		件	23	300	300	51	46	42.50	43	1 150	1 275	1 062.50	15 300	13 800	12 900
3. 丙产品		件	20	220	180	36	31.50	28	30	720	630	560	6 480	5 670	5 400
4.															
5.															
不可比产品合计	—	—	—	—	—	—	—	—	—	—	331.50	294	—	3 054	2 799
其中：															
1. 子产品		件	3	25	27	—	87	75	77	—	261	225	—	2 349	2 079
2. 丑产品		件	3	30	30	—	23.50	23	24	—	70.50	69	—	705	720
3.															
产品成本合计	—	—	—	—	—	—	—	—	—	—	3 791.50	3 356.5	—	40 164	36 534

补充材料：1. 可比产品成本降低 = 7 260；

2. 可比产品成本降低率 = 17.71%；

3. 计划成本降低额 = 3 630；

4. 计划成本降低率 = 9.04%。

根据表 11－2 的数字可计算如下；

可比产品成本降低额＝40 995－33 735＝7 260（元）

$$可比产品成本降低率=\frac{7\ 260}{40\ 995}\times100\%=17.71\%$$

产品计划成本降低额和降低率，可按下列公式计算求得：

$$\text{产品计划成本降低额}=\text{按本年计划单位成本计算的本年累计总成本}-\text{本年实际总成本}$$

$$\text{产品计划成本降低率}=\frac{\text{计划成本降低额}}{\text{按本年计划单位成本计算的本年累计总成本}}\times100\%$$

根据表 11－2 的数字可计算如下：

产品计划成本降低额＝40 164－36 534＝3 630（元）

$$计划成本降低率=\frac{3\ 630}{40\ 164}\times100\%=9.04\%$$

企业在编制产品成本表的同时，为了满足重点管理的需要，可另行编制“主要产品生产成本及销售成本表”，其项目及填列方法与产品成本表相比，增加了销售数量和销售成本栏。另外，产品名称栏可按“主要产品”及“非主要产品”项目列示。

3. 主要产品单位成本表的编制

主要产品成本表，是反映企业一定时期内主要产品生产成本水平、变动情况及构成情况的成本报表。通过该表，可以反映出主要产品单位成本的变动，并可分析产品成本变动的原因。该表是产品成本表的补充说明。主要产品单位成本表的格式如表 11－3 所示。

本表按成本项目反映产品单位成本的上年实际平均、本年计划、本月实际、本年累计实际数额，以便考核产品单位成本的变动情况及变动的原因。

该表各栏填列方法如下：

（1）“本月实际产量”“本年累计实际产量”栏，根据成本计算单及有关资料填列本月和从年初起至本月末止的合格品数量。

（2）各成本项目中的“上年实际平均”栏根据上期报表中各成本项目的“本年累计实际平均”栏数字填列。

（3）各成本项目中的“本年计划”栏根据年度成本计划中各产品分成本项目的计划数填列。

（4）各成本项目中的“本月实际”栏根据各产品的成本计算单填列。

（5）各成本项目占的“本年累计实际平均”栏可根据年度内各产品成本计算单分别计算填列。

表 11－3　　**主要产品单位成本表**

20××年×月

金额单位：元

产品名称	规格	计量单位	售价	本月实际产量	本年累计实际产量	直接材料				直接人工				制造费用				产品单位成本			
						上年实际平均	本年计划	本月实际	本年累计实际平均	上年实际平均	本年计划	本月实际	本年累计实际平均	上年实际平均	本年计划	本月实际	本年累计实际平均	上年实际平均	本年计划	本月实际	本年累计实际平均
甲		件	190	200	2 000	82	81. 50	80	80. 50	35	34. 20	34. 50	34	21	20. 30	20. 50	20. 70	138	136	135	135. 20
乙		件	200	240	2 500	21	20	19. 50	21	10	9. 50	9. 50	9	11	10. 50	11	10	41	40	40	40
丙		件	180	150	1 600	43	42	41	41. 50	72	70	70	71. 50	20	20	21	20	135	132	132	133

（6）“产品单位成本”中的各栏目分别根据各成本项目中的相同栏目的金额之和填列。即：产品单位成本中的“上年实际平均”栏等于直接材料、直接人工、制造费用项目中的“上年实际平均”栏之和。其他栏目类似。

4. 制造费用明细表、管理费用明细表、销售费用明细表的编制

（1）制造费用明细表是反映企业生产单位一定时期内为组织和管理生产所发生费用总额和各明细项目数额的报表。该表按费用项目分别以“上年同期实际”“本年计划”“本年累计实际数”进行反映。通过本年累计实际与上年同期实际比较，可了解制造费用各项目的变动情况，从动态上研究其特征及发展规律，本年累计实际与本年计划比较，可以反映制造费用计划完成情况及节约或超支的原因。制造费用明细表的格式如表 11－4 所示。

表 11－4　　制造费用明细表

20××年 6 月　　单位：元

项目	行次	上年同期实际	本年计划	本年累计实际
1. 应付职工薪酬——工资		48 000	50 000	49 500
2. 应付职工薪酬——福利费		6 720	7 000	6 930
3. 折旧费		80 000	76 000	75 700
4. 修理费		2 500	2 000	2 100
5. 办公费		1 300	1 000	1 150
6. 水电费		18 000	15 000	14 700
7. 机物料消耗		1 200	1 500	1 560
8. 劳动保护费		2 100	2 000	1 950
9. 低值易耗品摊销		1 600	1 500	1 450
10. 差旅费		25 000	22 000	22 500
11. 租赁费		500	300	350
12. 保险费		800	700	650
13. 设计制图费		600	700	630
14. ……				
合计		188 320	179 700	179 170

企业为反映各生产单位各期制造费用任务的完成情况，制造费用明细表可分车间按月进行编制。表 11－4 中“本年计划”按当期计划资料分项目填列，12 月份的制造费用明细表按本年计划数填列。“上年同期实际”栏，根据上年同期该报表的“本年累计实际”栏的对应项目填列。“本年累计实际”栏可根据“制造费用”科目所属明

细资料累计填列。

（2）管理费用明细表是反映企业管理部门在一定时期内为组织和管理生产所发生的费用总和及预算执行情况的报表。

（3）销售费用明细表是反映企业销售部门在一定时期内在销售过程中所发生的费用总额及预算执行情况的报表。

管理费用明细表及销售费用明细表的格式与制造费用明细表的格式基本相同，都是按费用项目分别“本期计划”“上年同期实际”“本期实际”数进行反映，以期达到反映资金耗费及费用任务完成情况的目的，此处不再详述。

11.2　产品成本分析概述

11.2.1　产品成本分析的意义

成本分析是为了满足企业各管理层次了解成本状况及进行经营决策的需要，以成本报表为分析的主要对象，结合其他有关的核算、计划和统计资料，采用一定的方法解剖成本变动原因、经营管理缺陷及业绩的管理活动。

通过成本分析，可以进一步明确企业的成本费用状况，可以全面正确地评价企业内部各部门、各单位成本责任的履行情况，揭示和测定各因素变动对成本的影响程度。通过成本报表的分析，对进一步了解企业经济效益及其好坏的原因，寻求降低成本的有效途径具有重要的意义。

11.2.2　产品成本变动的影响因素

成本分析的主要任务是正确评价企业成本计划的执行结果，揭示成本升降的原因，以寻求进一步降低成本的途径和方法。企业成本费用的发生受多种因素的影响，不仅有内在因素，而且受外在因素的影响；不仅受技术因素，而且受经济甚至社会因素的影响。全面研究成本变动成因，对实现上述成本分析的任务大有裨益。

影响成本变动的因素主要包括：

1. 企业地理位置的变迁将给企业成本费用的发生带来多方面的影响

由于气候条件的变化，对材料的保管条件有不同的要求，从而造成企业成本费用水平上的差别；由于地理位置上的变化，在对外协作、产品销售上发生的耗费将不相等同。正确认识这一点，对成本决策具有重要的意义。

2. 企业规模和技术装备水平的变化，对成本费用的发生将带来直接影响

通常适度的企业生产规模和较先进的技术装备，在使资源合理配置、提高产品质量和劳动生产率等方面，具有较强的优势，从而达到成本降低的目的。但不适当地扩大企业生产规模和盲目引进先进的生产设备也是造成成本费用超支的一个重要影响因素。

3. 企业经营管理的好坏是对成本费用超支或节约的重要影响因素

如果企业经营管理得力，原材料、燃料、动力利用的节约，劳动力资源配置合理，劳动生产率较高，生产设备的利用程度较高，产品质量很好，资金运用的合理，那么，企业的成本费用开支将是一个令人满意的水平。否则，将给企业带来不利的影响。

11.2.3 成本报表分析的方法

成本报表分析的方法是完成成本报表分析的重要手段，运用得当，将对成本分析的整个过程带来有利的影响。在成本分析中，可供采用的技术方法很多，具体采用什么方法，应根据分析的要求和掌握资料的情况而定。常用的分析方法有对比分析法、比率分析法、趋势分析法、因素分析法等。

1. 对比分析法

对比分析法也称比较分析法。它是通过实际数与基数的对比来揭示实数与基数之间的差异，借以了解经济活动的成绩和问题的一种分析方法。企业各种成本报表的分析都要采用这种方法，因此，可以说对比分析法是成本分析最基本的方法。

对比分析法所比较的基数由于分析的目的不同而有所不同。如将实际数与计划数或定额数对比，可以揭示计划或定额的执行情况；将本期实际数与前期实际数或以往年度同期实际数对比，可以考察经济业务的发展变化情况；将本期实际数与本企业的历史先进水平对比，将本企业实际数与国内外同行业的先进水平对比，可以发现与先进水平之间的差距等。

采用对比分析法，应注意相比指标的可比性。进行对比的各项指标，必须是同质数量指标相对比，例如实际产品成本与计划产品成本对比，实际原材料费用与定额原材料费用对比；再如，在经济内容、计算方法、计算期和影响指标形成的客观条件等方面，应有可比的共同基础，若相比指标之间有不可比因素，应先按可比的口径进行调整，然后再进行对比。

根据分析的需要，对比分析法可采用不同的比较形式。如绝对数比较、增减数比较、指数比较等。例如，上年产品单位成本为 5 元，本年单位成本 4.5 元，本年成本比上年降低 10%。

2. 比率分析法

比率分析法是通过计算指标之间的比率，来考察企业经济活动相对效益的一种分析方法。比率分析法主要有相关指标比率分析法和构成比率分析法。

相关指标比率分析法是通过计算两个性质不同而又相关的指标比率进行数量分析的方法。例如计算成本与产值、销售收入或利润相比的相对数，即产值成本率、销售收入成本率或成本利润率，并将实际数与其基数进行对比，就可以反映各企业经济效益的好坏，揭示其与基数之间的差异。

构成比率分析法是通过计算某项指标的各组成部门占总体的比重进行数量分析的方法。例如，将构成产品成本的各费用项目分别与产品成本总额相比，计算产品成本的构成比率；将构成管理费用的各项费用分别与管理费用总额相比，计算管理费用的构成比率。通过这种分析，反映产品成本或经营管理费用的构成情况。

3. 趋势分析法

趋势分析法是根据企业连续几个会计期间的成本资料采用列表或绘制统计图的形式来反映，并借以观察企业成本增减变动趋势及变动程度的一种分析方法。

某企业生产的甲产品 2012 ~ 2016 年各年的单位成本如表 11 - 5 所示。

表 11 - 5　　甲产品单位成本表　　单位：元

项目	2012 年	2013 年	2014 年	2015 年	2016 年
单位成本	500	496	480	450	425

甲产品单位成本表表明，甲产品的单位成本总趋势是逐年降低的，为了进一步说明成本降低的程度，可计算两种趋势百分比。

一是定比趋势百分比。基本做法是，选定某年为基年（假定以2012年为基年），计算连续各年的趋势百分比，这一百分比说明其他各年的成本占基年成本水平的百分比。仍以上例资料为例，定比趋势百分比的计算结果如表11－6所示。

表11－6　　定比趋势百分比计算表

2016年12月　　单位：%

项目	2012年	2013年	2014年	2015年	2016年
单位成本变动	100	99.2	96	90	85

表11－6的数据表明，2013年的单位成本比2012年降低了0.8%，2014年的单位成本比2012年降低了4%，2015年的单位成本比2012年降低了10%，2016年的单位成本比2012年降低了15%。

二是环比趋势百分比。为了分别确定各年成本比上年降低的幅度，则需要计算一个环比趋势百分比，其计算结果如表11－7所示。

表11－7　　环比趋势百分比计算表

2016年12月　　单位：%

项目	2012年	2013年	2014年	2015年	2016年
单位成本趋势	100	99.2	96.77	93.75	94.44

表11－7中的数据表明，2013年的单位成本比2012年降低了0.8%，2014年的单位成本比2013年降低了3.23%，2015年的单位成本比2014年降低了6.25%，2016年的单位成本比2015年降低了5.56%，由此可见，2015年单位成本降低的幅度最大，应进一步查明原因。

因素分析法

4. 因素分析法

因素分析法是把综合性指标分解为各个因素，研究诸因素变动对综合性指标变动影响程度的分析方法。因素分析按其综合指标中各构成因素的关系，又可分为简单因素分析和复杂因素分析。简单因素分析指综合指标的各构成因素之间没有直接的关系，分析一因素的变动对综合指标的影响时，排除其他因素不至于造成错误的分析结果。复杂因素分析指综合指标的各构成因素之间有一定的连带关系，在这种特定关系中，每一因素都处在一定的地位，分析某一因素的变动对综合指标变动的影响时，排除了其他任何一因素，都将会造成错误的分析结果。例如，材料超支是由于产品生产数量的变动、材料价格的变动、单位产品耗用量的变动三个因素构成的，若分析其中一个因素变动对综合指标的影响，应同时考虑另两个因素。在此情况下，通常要用连锁替代法进行分析。

连锁替代法也称连环替代法，它是用来确定某项综合指标构成因素的变动对综合指标影响程度的一种方法。其基本点是：（1）在计算某一因素对综合指标的影响时，假定其他因素不变。（2）确定各个因素的替代顺序，然后按照这一顺序替代计算。替代顺序一经确定不应随意变更。因为同一因素替代顺序的不同对综合指标的影响程度不相同，但所有构成因素综合影响程度不变。替代顺序确定的一般原则是，先数量、后质量，即先替代数量指标、后替代质量指标；先实物量指标，后价值量指标；先分子、后分母。数量指标指事物规模的大小、额度的高低，一般以绝对数表示，没有可比性。质量指标表示某个事物的发展水平，一般以相对数表示，通常有可比性。

假定某经济指标 N 受 A、B、C 三因素影响，关系式为 $N = A \times B \times C$。基期指标 N_0 由 A_0、B_0、C_0 组成，报告期指标 N_1 由 A_1、B_1、C_1，组成。即：

$$N_0 = A_0 \times B_0 \times C_0 \qquad (1)$$

$$N_1 = A_1 \times B_1 \times C_1$$

两个时期指标的差异数 $N_1 - N_0$ 即为分析对象。设连环替代顺序依次为 A、B、C，那么三因素变动对指标 N 变动的影响计算过程如下：

第一次替代，假定 A 变，B、C 保持基期不变。

$$N_2 = A_1 \times B_0 \times C_0 \qquad (2)$$

第二次替代，假定 B 变，A 已变，报告期数不再变，C 保持基期不变。

$$N_3 = A_1 \times B_1 \times C_0 \qquad (3)$$

第三次替代，假定 C 变，A、B 已变，报告期数均不再变，即得到报告期指标。

$$N_1 = A_1 \times B_1 \times C_1 \qquad (4)$$

则有 $(4) - (3) = N_1 - N_3$ 表示 C 因素变动的影响；

$(3) - (2) = N_3 - N_2$ 表示 B 因素变动的影响；

$(2) - (1) = N_2 - N_0$ 表示 A 因素变动的影响。

最后，将 A、B、C 因素变动的影响程度相加：

$$(N_2 - N_0) + (N_3 - N_2) + (N_1 - N_3) = N_1 - N_0$$

分析结果与分析对象相符合。

因素分析法的应用

【例 11－1】 某企业上年与本年的总产值、职工人数、人均产量及产品单价资料如表 11－8 所示。

表 11－8　　总产值资料表

项目	人数（A）	人均产量（B）	单价（C）	总产值（N）
N_0	100	10	10	10 000
N_1	150	12	13	23 400

资料表明，本年产值较上年增加 13 400 元。其影响因素为职工人数、人均产量及产品销售单价。现分析各因素变动对总产值变动的影响。假定替代顺序为 A、B、C。

A 因素变动影响程度为：

$$A_1 \times B_0 \times C_0 - A_0 \times B_0 \times C_0 = (A_1 - A_0) \times B_0 \times C_0$$
$$= (150 - 100) \times 10 \times 10 = 5\ 000\ (元)$$

B 因素变动影响程度为：

$$A_1 \times B_1 \times C_0 - A_1 \times B_0 \times C_0 = (B_1 - B_0) \times A_1 \times C_0$$
$$= (12 - 10) \times 150 \times 10 = 3\ 000\ (元)$$

C 因素变动影响程度为：

$$A_1 \times B_1 \times C_1 - A_1 \times B_1 \times C_0 = (C_1 - C_0) \times A_1 \times B_1$$
$$= (13 - 10) \times 150 \times 12 = 5\ 400\ (元)$$

11.3　全部产品成本分析

11.3.1　全部产品成本计划完成情况分析

在产品成本表中，将全部产品的实际成本同计划成本进行比较，并分别考察可比产品成本和不可比产品成本的超支和节约情况，以了解全部产品成本计划完成情况，并为进一步进行成本分析提供线索；将可比产品上年实际生产和本年累计实际生产比较，可以揭示可比产品成本的增减变动趋向。

根据表 11－2 产品生产成本表的有关资料，编制全部产品成本分析表，如表 11－9 所示。

从表 11－9 中可以看出，全部产品的实际成本比计划成本降低

3 630 元，其降低率为 9.94%，据此可初步判断，企业在执行计划方面取得了一定成绩。进一步分析可以发现，可比产品成本计划完成情况好于不可比产品计划完成情况。另外，可比产品成本本年较上年有大幅度的下降，需进一步分析其原因。

11.3.2　可比产品成本分析

可比产品成本分析的目的，在于揭示可比产品成本降低任务的完成情况，查明影响可比产品成本升降的因素及其影响程度。所以，可比产品成本分析的内容主要包括：可比产品成本降低任务完成情况的分析，以及影响可比产品成本降低任务完成情况的因素分析。

1. 可比产品成本降低任务完成情况分析

可比产品成本降低任务完成情况的分析主要指实际降低额和降低率与计划降低额和降低率的比较分析，以判断本期计划的执行情况。计划降低额和降低率，实际降低额和降低率的计算公式如下：

$$\text{可比产品成本计划降低额} = \sum(\text{计划产量} \times \text{上年实际单位成本}) - \sum(\text{计划产量} \times \text{本年计划单位成本})$$

$$\text{可比产品成本计划降低率} = \frac{\text{可比产品成本计划降低额}}{\sum(\text{计划产量} \times \text{上年实际单位成本})} \times 100\%$$

$$\text{可比产品成本实际降低额} = \sum(\text{实际产量} \times \text{上年实际单位成本}) - \sum(\text{实际产量} \times \text{本年实际单位成本})$$

$$\text{可比产品实际成本降低率} = \frac{\text{可比产品成本实际降低额}}{\sum(\text{实际产量} \times \text{上年实际单位成本})} \times 100\%$$

以表 11－9 全部产品生产成本分析表的资料为例，根据上述计算公式分析可比产品成本降低任务完成情况如下：

可比产品成本计划降低额 $= (310 \times 61 + 300 \times 51 + 220 \times 36) - (310 \times 56 + 300 \times 46 + 220 \times 31.5) = 4\ 040$（元）

$$\text{可比产品计划降低率} = \frac{4\ 040}{42\ 130} \times 100\% = 9.59\%$$

可比产品成本实际降低额 $= (315 \times 61 + 300 \times 51 + 180 \times 36) - (315 \times 49 + 300 \times 43 + 180 \times 30) = 7\ 260$（元）

$$\text{可比产品实际降低率} = \frac{7\ 260}{40\ 995} \times 100\% = 17.71\%$$

即，可比产品成本计划降低额为 4 040 元，实际降低额为 7 260 元，两者差异为 3 220 元；可比产品计划降低率为 9.59%，实际降低率为 17.71%，两者差异为 8.12%。

由此可见，企业可比产品成本实际降低额和降低率都远远超过了计划降低额和降低率。企业应进一步查明原因。

2. 影响可比产品成本降低计划完成情况的因素分析

在生产多种可比产品的条件下，影响可比产品成本降低任务完成的因素有三个，即产品产量变动的影响、产品品种结构变动的影响和产品单位成本变动的影响。产品产量同比例的升降，影响成本降低额，不影响成本降低率。而产品结构及单位成本的变动，既影响降低额，又影响降低率。

（1）产量变动的影响。在其他因素不变的条件下，单纯产量变动，将引起成本降低额发生相应变化，但不影响成本降低率，其变动金额的计算公式为：

$$\text{产量变动对降低额的影响值} = \sum[(\text{本年实际产量} - \text{本年计划产量}) \times \text{上年单位成本}] \times \text{计划降低率}$$

按上例，可比产品成本计划降低率为 9.59%，由于产量变动，对降低额的影响值为：

$$[(315-310)\times 61+(180-220)\times 36]\times 9.59\% = -108.85\ (\text{元})$$

（2）品种结构变动的影响。品种结构变动对成本降低额与降低率均有影响，其影响值可按下列公式计算：

$$\text{品种结构变动对降低率的影响值} = \frac{\text{品种结构变动对降低额的影响值}}{\sum(\text{实际产量} \times \text{上年单位成本})} \times 100\%$$

$$\text{品种结构变动对降低额的影响值} = \sum[\text{本年实际产量} \times (\text{上年实际平均单位成本} - \text{本年计划单位成本})] - [\sum(\text{本年实际产量} \times \text{上年实际平均单位成本}) \times \text{计划成本降低率}]$$

根据上例资料和计算公式，由于品种结构变动对降低额与降低率的影响值计算结果如下：

$$\text{品种结构变动对降低额的影响值} = [315\times(61-56)+300\times(51-46)+180\times(36-31.5)] - [(315\times 61+300\times 15+180\times 36)\times 9.59\%] = -46.4205$$

$$\text{品种结构变动对降低率的影响值} = \frac{-46.4205}{40\ 995}\times 100\% = -0.11\%$$

（3）单位成本变动的影响。单位成本变动影响的成本降低额和降低率可用下列公式计算：

表 11－9　　**全部产品生产成本分析表**　　金额单位：元

产品名称	产量		单位成本			本年累计总成本			实际与计划比		本年实际与上年实际比	
	实际	计划	上年实际平均	本年计划	本年实际	按上年实际平均单位成本计算	按本年计划单位成本计算	本年实际	降低额	降低率	降低额	降低率
	(1)		(2)	(3)	(4)	(5)＝(1)×(2)	(6)＝(1)×(3)	(7)＝(1)×(4)	(8)＝(6)－(7)	(9)＝(8)÷(6)	(10)＝(5)－(7)	(11)＝(10)÷(5)
可比产品合计	—	—	—	—	—	40 995	37 110	33 735	3 375	9.09	7 260	17.71
其中：												
1. 甲	315	310	61	56	49	19 215	17 640	15 435	+2 205	+12.5	+3 780	+19.67
2. 乙	300	300	51	46	43	15 300	13 800	12 900	+900	+6.52	+2 400	+15.69
3. 丙	180	220	36	31.5	30	6 480	5 670	5 400	+270	+4.76	+1 080	+16.67
4.												
不可比产品合计	—		—	—	—	—	3 054	2 799	+255	+8.35	—	—
其中：												
1. 子	27	25	—	87	77	—	2 379	2 079	+270	11.49	—	—
2. 丑	30	30	—	23.50	24	—	705	720	－15	－2.13	—	—
全部产品成本	—	—	—	—	—	—	40 164	36 534	－3 630	－9.94	—	—

$$\text{单位成本变动对降低额的影响值} = \sum[\text{实际产量} \times (\text{计划单位成本} - \text{实际单位成本})]$$

$$\text{单位成本变动对降低率的影响值} = \frac{\text{单位成本变动降低额的影响值}}{\sum(\text{实际产量} \times \text{上年实际平均单位成本})} \times 100\%$$

根据表 11－9，由于单位成本变动对成本任务完成情况的影响程序计算如下：

$$\begin{aligned}\text{单位成本变动降低对额的影响值} &= 315 \times (56 - 49) + 300 \times (46 - 43) \\ &\quad + 180 \times (31.5 - 30) \\ &= 3\ 375\ (\text{元})\end{aligned}$$

$$\begin{aligned}\text{单位成本变动对降低率的影响值} &= \frac{3\ 375}{315 \times 61 + 300 \times 51 + 180 \times 36} \times 100\% \\ &= \frac{3\ 375}{40\ 995} \times 100\% = 8.23\%\end{aligned}$$

从分析可知，该企业可比产品成本任务的超额完成，主要原因在于单位成本的降低，而产量的变化及品种结构的改变，致使成本提高了，但成本降低率指标还是超额完成了。

11.4 主要产品单位成本分析

在对企业全部产品及可比产品成本降低任务完成情况进行全面分析的基础上，应对企业主要产品（指对降低额、降低率影响大的产品）进行深入分析，以便取得降低成本的具体途径。

主要产品单位成本分析包括两方面的内容：一是单位成本计划完成情况的分析；二是技术经济指标变动对单位成本单位的影响。兹分析如下：

11.4.1 单位成本计划完成情况分析

进行主要产品单位成本计划完成情况的分析，一般先是从总体上分析主要产品单位成本比计划单位成本、上期单位成本的升降情况，然后进一步按成本项目分析其成本变动情况。查明造成单位成本升降的原因。产品单位成本分析的依据是企业编制的“主要产品单位成本表”。分析方法可采用简化的对比法，即可用本年实际成本直接与本年计划成本、上年实际成本对比，而不必先求得实际降低额和降低率，再与计划降低额和降低率对比。

现以表 11－2 主要产品单位成本表中甲产品资料为例，编制 6 月份及全年单位成本分析表，如表 11－10 所示。

表 11－10　　甲产品单位成本升降分析表

成本项目	本月比上年实际平均		本月比本年计划		本月比本年实际平均		本年实际平均比上年		本年实际平均比计划	
	降低额（元）	降低率（%）	降低额（元）	降低率（%）	降低额（元）	降低率（%）	降低额（元）	降低率（%）	降低额（元）	降低率（%）
直接材料	82－80＝2	2.44	81.5－80＝1.5	1.84	8.5－80＝0.5	0.62	82－80.5＝1.5	1.83	81.5－80.5＝1	1.23
直接人工	35－34.5＝0.5	1.43	34.2－34.5＝0.3	－0.88	34－34.5＝－0.5	－1.47	35－34＝1	2.86	34.2－34＝0.2	0.58
制造费用	21－20.5＝0.5	2.38	20.3－20.5＝－0.2	－0.99	20.7－20.5＝0.2	0.97	21－20.7＝0.3	1.43	20.3－20.7＝－0.4	－1.97
合计	3	2.17	1	0.74	0.2	0.15	2.8	2.03	0.8	0.59

从表11－10的计算可以看出，6月份甲产品的单位成本比上年、本年计划、本年实际平均都有不同程度的降低，说明6月份成本任务的执行情况取得了一定的成绩。其中，材料成本降低的幅度较大，而直接人工成本未完成本年计划，且低于本年实际平均值。制造费用开支也超出了计划，但低于本年实际平均水平。

从本年实际单位成本与上年实际、本年计划比较发现，本年实际单位成本较上年有所降低，也完成了本年计划。其中，直接材料成本较计划降低幅度最大，而制造费用单位成本却上升了0.4元。为了进一步查明造成各成本项目升降的原因，需对其作更深入的分析。

1. 直接材料项目的分析

影响单位成本中材料费用的基本因素，为单位产品材料耗用量和材料单价。其中：

材料耗用量变动的影响＝(计划单位耗用量－实际单位耗用量)×计划单价(与计划比)

或：

材料耗用量变动的影响＝(上年单位耗用量－实际单位耗用量)×上年单价(与上年比)

或：

材料单价变动的影响＝(计划单价－实际单价)×实际单位耗用量(与计划比)

材料单价变动的影响＝(上年单价－实际单价)×实际单位耗用量(与上年比)

假定甲产品耗用材料单价及单位产品材料消耗量资料如表11－11所示。

表11－11　　甲产品材料单耗及单价资料表

材料名称	单耗（千克）			单价（元）		
	上年实际	本年计划	本年实际	上年实际	本年计划	本年实际
A	5	4.5	5	6.2	7	6.5
B	6	5	4	8.5	10	12

根据上述资料编制甲产品直接材料成本变动分析表，如表11－12所示。

根据表11－12的分析，甲产品直接材料单位成本本年与上年相比降低1.5元，其中消耗量变动使用材料成本降低了17元，由于材料价格上升使材料成本比上年超支15.5元。本年与计划相比节约1

元，其中，消耗量变动使材料成本按计划节约 6.5 元，由于材料单价变动使材料成本超支 5.5 元。具体说来，是 A 材料消耗量上升和价格下降，同 B 材料消耗量下降和价格上升综合作用的结果。企业利用降低消耗量的办法，使原材料涨价因素在企业内部消化，是本月材料消耗任务完成的重要原因。

2. 直接人工项目的分析

单位产品直接人工成本 = 单位产品工时消耗量 × 小时工资额

表 11－12　　直接材料成本变动分析表

20××年×月

产品名称：甲产品　　　　单位：元

材料名称	单耗			单价			单位成本			本年比上年			本年比计划		
	上年实际	本年计划	本年实际	上年实际	本年计划	本年实际	上年实际	本年计划	本年实际	降低额	差量	差价	降低额	差量	差价
	(1)	(2)	(3)	(4)	(5)	(6)	(7)＝(1)×(4)	(8)＝(2)×(5)	(9)＝(3)×(6)	(10)＝(7)－(9)	(11)＝[(1)－(3)]×(4)	(12)＝[(4)－(6)]×(3)	(13)＝(8)－(9)	(14)＝[(2)－(3)]×(5)	(15)＝[(5)－(6)]×(3)
A	5	4.5	5	6.2	7	6.5	31	31.5	32.5	－1.5	0	－1.5	－1	－3.5	2.5
B	6	5	4	8.5	10	12	51	50	48	3	17	－14	2	10	－8
合计							82	81.5	80.5	1.5	17	－15.5	1	6.5	－5.5

可见，影响产品成本中工资成本的基本因素，为单位产品工时消耗量和小时工资额（或率）。其中，小时工资率等于直接用工的工资总额除以工时消耗总额。它是反映直接生产工人平均工资水平的重要指标。小时工资率越高，单位产品中包括的工资费用也越高。单位产品的工时消耗量反映劳动生产率的高低。劳动生产率越高，单位产品的工时消耗则越少。提高劳动生产率是降低单位产品直接人工成本的主要途径。

工时消耗量及小时工资额变动对单位产品工资成本的影响程度可用下列公式计算求得：

工时消耗量变动的影响 =（计划单位消耗量 － 实际单位消耗量）× 计划小时工资额

小时工资额变动的影响 =（实际小时工资额 － 计划小时工资额）× 实际单位耗用量

与上年比较原理同上，不再赘述。

仍以甲产品为例，其有关直接人工成本资料如表 11－13 所示。

表 11－13　　甲产品单位直接人工成本分析表

200××年×月　　单位：元

项目	本年计划	本年实际	降低额	工时消耗变动影响	小时工资额变动影响
单位产品工时消耗量	15	20	－5	—	—
小时工资额	2.28	1.7	0.58	—	—
单位产品直接人工成本	34.20	34	0.20	－11.40	11.60

分析结果表明，单位产品直接人工成本节约0.2元，是单位产品工时消耗量增加和小时工资额降低共同作用的结果。其中，由于工时消耗量的增加使单位产品直接人工成本增加了11.40元，小时工资额的减少，使单位产品直接人工成本降低了11.60元。企业应在提高劳动生产率，降低单位产品工时消耗方面采取强有力措施。

3. 制造费用项目的分析

企业制造费用通常是以分配的方式计入产品成本的。其分配标准通常是工时消耗量（或其他分配标准）。那么，影响产品成本中制造费用的基本因素，为单位产品工时耗量（或其他分配标准）和小时费用分配率（或其他分配率）。单位产品工时消耗量越多，小时费用分配率越高，该产品负担的制造费用也越多。

工时消耗量变动及费用分配率变动对单位成本中制造费用变动的影响值可用下列公式计算求得：

工时消耗量变动的影响＝(计划单位工时消耗量－实际单位工时消耗量)×计划小时费用分配率

费用分配率变动的影响＝(计划小时费用分配率－实际小时费用分配率)×实际单位工时消耗量

仍以甲产品为例，制造费用分析结果如表11－14所示。

表 11－14　　甲产品单位成本制造费用分析表

200××年12月　　金额单位：元

项目	本年计划	本年实际	降低额	工时消耗量变动影响	费用分配率变动影响
单位产品工时消耗量	15	20	－5		
小时费用分配率	1.353	1.035	0.318		
单位产品制造费用	20.30	20.70	－0.40	－6.76	6.36

分析结果表明，单位制造费用较计划升高 0.4 元的原因是工时消耗量的升高造成的，这也体现出劳动生产率降低对产品单位成本的不利影响。

11.4.2　单位成本的技术经济分析

产品单位成本除受上述分析因素变动的影响外，企业技术经济指标的变动对单位成本也会带来不同程度的影响。通过对影响单位成本变动的技术经济指标的剖析，计算其变动对成本的影响程度，可促使企业提高各项技术经济指标，以达到不断降低产品成本的目的。技术经济指标，是指同企业的生产技术有着内在联系的经济指标，如材料利用率、劳动生产率、设备利用率、产量增长率、产品合格率等。制造企业的技术经济指标涉及内容十分广泛，而且各企业因生产工艺技术特点不同，用于企业成本分析的技术经济指标也不相同。通常企业可从产品产量、产品质量、原材料消耗和劳动生产率等四个方面进行分析。

1. 产品产量变动对单位成本影响的分析

进行产量变动对单位成本影响的分析，需将产品成本划分为变动和固定两部分。单位产品中的变动成本与产量变动没有关系，而单位产品中的固定部分，当产量在相关范围内变动时，产量增加，单位产品的固定费用减少，反之，则会增加。因此，在企业现有生产能力允许且产品畅销的前提下，适当增加产品产量是降低产品单位成本的一条途径。

【例 11－2】 某企业的产品产量对单位成本的影响资料如表 11－15 所示。

表 11－15　　产品产量变动对单位成本影响分析表

产品名称：乙产品　　　　20××年 6 月

项目	本年计划			本年实际			降低额		
	产量（件）	总成本（元）	单位成本（元）	产量（件）	总成本（元）	单位成本（元）	产量（件）	总成本（元）	单位成本（元）
变动成本	—	100 000	200	—	110 000	200	—	10 000	0
固定资产	—	25 000	50	—	25 000	45.45	—	0	4.55
合计	500	125 000	250	550	135 000	245.45	－50	10 000	4.55

由表 11－15 产品产量变动对单位成本影响分析表看出，在其他条件不变的情况下，产量由 500 件增加到 550 件时，单位产品成本则下降了 4.55 元。

产量变动对成本的降低幅度可用下列公式计算：

$$单位产品成本降低率 = \left[1 - \frac{1}{1 + 产量增长率}\right] \times \begin{matrix}计划固定成本占单位\\产品全部成本的比重\end{matrix}$$

依上例，产品产量增长率为 10%，计划固定成本占单位产品全部成本的比重为 20% ×（50 ÷ 250），那么，乙产品由于产量变动对单位产品成本降低幅度为：

$$单位产品成本降低率 = \left[1 - \frac{1}{1 + 10\%}\right] \times 20\% = 1.8\%$$

即产量提高 10%，使单位成本下降了 1.8%。

2. 产品质量变动对成本的影响

在生产消耗水平不变的前提下，提高产品质量是降低产品单位成本的又一途径。衡量产品质量的指标通常有合格品率、废品率、等级品率等。在其他因素不变的条件下，合格品率越高，那么废品率则越低，单位产品的成本就越低。因为废品的耗费是由合格品来负担的。

【例 11－3】某企业因产品质量变动原因对产品单位成本变动的分析如表 11－16 所示。

表 11－16　　产品质量变动对单位成本影响分析表

产品名称：丙产品　　20××年 6 月

项目	计划	实际	降低
产量（件）	500	500	0
废品率（%）	2	1	1
废品件数（件）	10	5	5
单位成本（不含废品损失）（元）	600	600	0
废品残值回收率（%）	10	10	0
单位废品残值（元）	60	60	
废品损失（元）	10 ×（600 − 60）= 5 400	5 ×（600 − 60）= 2 700	2 700
合格品成本（元）	$\frac{5\,400 + 600 \times 490}{490} = 611.02$	$\frac{2\,700 + 600 \times 495}{495} = 605.45$	5.57

由上述分析可见。因产品质量提高了 1%，使产品单位成本下降了 5.57 元。降低率为 0.91%。即：$\frac{5.57}{611.02} \times 100\% = 0.91\%$。

3. 劳动生产率变动对产品成本的影响

在单位产品成本项目分析中，已述及因劳动生产率及小时工资额的变动对直接人工成本的影响，在此，继续分析劳动生产率及小时工资率变动对单位产品成本的影响。由两个因素共同作用，对产品成本的影响可用下列公式计算：

$$\begin{array}{c}\text{单位产品成本降低率}\\\text{(劳动生产率变动影响)}\end{array}=\frac{\text{劳动生产率提高百分比}-\text{小时工资率提高百分比}}{1+\text{劳动生产率提高百分比}}\times\text{计划直接人工成本占单位产品成本比重}$$

【例 11－4】 某企业生产甲产品，计划单位成本 400 元，其中，直接人工成本 100 元，本年劳动生产率比计划增长了 15%，小时工资率增长了 10%。由于劳动生产率对变动产品单位成本的影响程度为：

$$\text{单位产品成本降低率}=\frac{15\%-10\%}{1+15\%}\times\frac{100}{400}\times100\%=1.09\%$$

4. 材料利用率变动对成本影响

材料利用率是指投入材料的重量和实际利用材料的重量之间的比例。投入材料后，发生的切割损耗、边角余料及切削下来的废料越少，说明材料的利用率越高，也就是单位材料消耗的降低。材料利用率变动对单位成本的影响可用下列公式计算：

$$\text{材料利用率变动对单位成本影响}=$$

$$\left(\frac{\text{实际单位原材料成本}-\text{计划单位原材料成本}}{\text{计划单位原材料成本}}\right)\times\begin{array}{l}\text{计划单位成本中}\\\text{原材料成本比重}\end{array}$$

$$=\left(\frac{\text{实际原材料利用率}}{\text{计划原材料利用率}}-1\right)\times\text{计划单位成本中原材料成本比重}$$

上式计算结果若为负数表示因提高材料利用率使产品单位成本下降的比率；反之，则表示产品单位成本上升的比率。

【例 11－5】 某企业报告年度丙产品计划材料利用率为 95%，计划单位成本中材料成本占 65%，在其他条件不变的情况下，实际原材料利用率为 97%，则产品单位成本下降的比率为：

$$\left(\frac{95\%}{97\%}-1\right)\times65\%=-1.34\%$$

即由于材料利用率提高 2%，使单位成本下降 1.34%。

本章小结

1. 成本报表是根据账簿上的日常核算资料及其他有关资料，定期或不定期编制的反映企业资金耗费和产品成本的构成及其升降变动，以考核成本费用计划执行情况的会计报表。按照企业会计准则的要求，企业不对外编报成本费用报表，但这并不意味着企业内部也就不需要成本报表。随着企业经营机制的转变和企业市场竞争的加强，成本高低将成为衡量乃至决定企业前途和命运的重要因素。

2. 产品生产成本表的编制。产品生产成本表是反映企业在报告期内生产的全部产品总成本的报表。该表一般分为两种：一种按成本项目反映，另一种按产品种类反映。两种报表各有不同的结构、作用和编制方法。

3. 成本分析是为了满足企业各管理层次了解成本状况及进行经营决策的需要，以成本报表为分析的主要对象，结合其他有关的核算、计划和统计资料，采用一定的方法解剖成本变动原因、经营管理缺陷及业绩的管理活动。

4. 成本报表分析的方法是完成成本报表分析的重要手段，运用得当，将对成本分析的整个过程带来有利的影响。在成本分析中，可供采用的技术方法很多，具体采用什么方法，应根据分析的要求和掌握资料的情况而定。常用的分析方法有对比分析法、比率分析法、趋势分析法、因素分析法等。

本章关键术语

成本报表、对比分析法、比率分析法、趋势分析法、因素分析法、可比产品。

本章综合复习题

一、思考题

1. 简述编制成本报表的意义。
2. 简述成本报表编制的要求。
3. 简述产品成本分析的意义。
4. 简述产品成本变动影响的因素。
5. 简述成本报表分析的方法。

二、选择题

1. 按照《企业会计准则》规定，成本报表是（　　）。
   A. 对外报表
   B. 对内报表（或称内部报表）
   C. 既是对外报表，又是对内报表
   D. 对内还是对外，由企业自行决定
2. 影响可比产品成本降低额变动的因素有（　　）。
   A. 产品产量　　　　B. 产品价格

C. 产品品种构成　　D. 产品单位成本

3. 成本报表属于内部报表，成本报表的种类、格式、项目、指标的设计和编制方法、编报日期、具体报送对象，由（　　）。

A. 企业自行决定　　B. 国家统一规定

C. 国家做原则规定　　D. 上级主管机关规定

4. 影响可比产品成本降低率变动的因素有（　　）。

A. 产品产量　　B. 产品品种构成

C. 产品价格　　D. 产品单位成本

5. 比较分析法是指通过指标对比，从（　　）上确定差异的一种分析方法。

A. 质量　　B. 价值量

C. 数量　　D. 劳动量

6. 影响可比产品成本降低额变动的因素有（　　）。

A. 产品产量　　B. 产品品种构成

C. 产品价格　　D. 产品单位成本

7. 将两个性质不同但又相关的指标对比求出的比率，称为（　　）。

A. 构成比率　　B. 相关指标比率

C. 动态比率　　D. 效益比率

8. 主要产品单位成本表反映的单位成本，包括（　　）。

A. 本月实际　　B. 同行业同类产品实际

C. 本年计划　　D. 上年实际平均

9. 连环替代法是用来计算几个相互联系的因素，对综合经济指标变动（　　）的一种分析方法。

A. 影响原因　　B. 影响数量

C. 影响程度　　D. 影响金额

10. 影响单位产品原材料消耗数量变动的因素有（　　）。

A. 产品或产品零部件结构的变化

B. 材料质量的变化

C. 生产中产生废料数量和废料回收利用情况的变化

D. 材料价格的变化

三、判断题

1. 会计报表按其报送对象可以分为对外报表和对内报表两类。成本报表属于内部报表，不再对外报送。（　　）

2. 比较分析法的主要作用在于揭示客观上存在的差距，并为进一步分析指出方向。（　　）

3. 比较分析法只适用于同质指标的数量对比。（　）

4. 相关指标比率是指某项经济指标的各个组成部分占总体的比重。（　）

5. 通过对比某一经济指标不同时期的构成比例变动，可以了解该项经济指标的增长速度。（　）

6. 采用比率分析法，先要把对比的数值变成相对数求出比率，然后再进行对比分析。（　）

7. 成本利润率是相关指标比率。（　）

8. 销售成本率是构成比率。（　）

9. 采用连环替代法，在测定某一因素变动影响时，是以假定其他因素不变为条件的，即是在其他因素均为计划数时，确定这一因素变动影响程度的。（　）

10. 影响可比产品成本降低额指标变动的因素有产品产量、产品品种构成和产品单位成本。（　）

四、分析题

［资料］

（1）产品生产成本表，见下表。

（2）计划产值成本率为60%，商品产值本月实际数按现行价格计算为102 000元。

产品生产成本表

金额单位：元

产品名称	计量单位	实际产量	单位成本			总成本		
			上年实际平均	本年计划	本期实际	按上年实际平均单位成本计算	按本年计划单位成本计算	本期实际
可比产品合计								
甲	件	30	700	690	680			
乙	件	35	900	850	830			
不可比产品合计								
丙	件	20		400	460			
全部产品								

要求：

1. 计算和填列产品生产成本表中总成本各栏数字（各种产品和可比、不可比产品合计）。

2. 分析全部产品生产成本计划的完成情况和产值成本率计划的完成情况。

参考答案

第1章　总　　论

一、思考题（略）

二、选择题

1. B　2. A　3. ABCD　4. AB　5. AB

三、判断题

1. √　2. √　3. ×　4. √　5. ×

第2章　产品成本核算的原理

一、思考题（略）

二、选择题

1. ABC　2. A　3. ABCD　4. ABCD　5. C

三、业务题（略）

第3章　产品成本的归集与分配

一、思考题（略）

二、选择题

1. A　2. A　3. A　4. ABC　5. A　6. BC　7. D　8. ACD
9. A　10. A　11. A

三、计算题

1.

甲产品定额消耗量 = 200 × 2 = 400（公斤）

乙产品定额消耗量 = 250 × 4 = 1 000（公斤）

材料费用分配率 $= \frac{14\ 000}{400 + 1\ 000} = 10$（元/公斤）

甲产品应分配的材料费用 = 400 × 10 = 4 000（元）

乙产品应分配的材料费用 = 1 000 × 10 = 10 000（元）

借：生产成本——基本生产成本——A 产品　　4 000
　　　　　　　　　　　　　　——B 产品　　10 000
　贷：原材料　　　　　　　　　　　　　　　14 000

2.

甲产品定额工时 $=20\ 000\times5=100\ 000$（小时）

乙产品定额工时 $=16\ 000\times30=48\ 000$（小时）

工资费用分配率 $=\dfrac{740\ 000}{10\ 000+48\ 000}=5$（元/小时）

甲产品生产工人工资 $=100\ 000\times5=500\ 000$（元）

乙产品生产工人工资 $=48\ 000\times5=240\ 000$（元）

借：生产成本——基本生产成本——甲产品　　500 000
　　　　　　　　　　　　　——乙产品　　24 000
　贷：应付职工薪酬　　　　　　　　　　　　740 000

3.

第一步，交互分配：

供电车间费用交互分配率 $=\dfrac{19\ 000}{20\ 000}=0.95$（元/度）

供水车间承担电费 $=1\ 000\times0.95\ =950$（元）

供水车间费用交互分配率 $=\dfrac{20\ 000}{5\ 000}=4$（元/立方米）

供电车间承担水费 $=1\ 000\times4=4\ 000$（元）

供电车间交互分配后费用 $=19\ 000-950+4\ 000=22\ 050$（元）

供水车间交互分配后费用 $=20\ 000+950-4\ 000=16\ 950$（元）

会计分录如下：

借：生产成本——辅助生产成本——供电车间　　4 000
　　　　　　　　　　　　　——供水车间　　950
　贷：生产成本——辅助生产成本——供电车间　　950
　　　　　　　　　　　　　　——供水车间　　4 000

第二步，对外分配：

供电车间费用对外分配率 $=\dfrac{22\ 050}{20\ 000-1\ 000}=1.16$（元/度）

基本生产车间承担电费 $=16\ 000\times1.16$ 元 $=18\ 560$（元）

行政管理部门承担电费 $=22\ 050-18\ 560=3\ 490$（元）

供水车间费用对外分配率 $=\dfrac{16\ 950}{5\ 000-1\ 000}=4.24$（元/立方米）

基本生产车间承担水费 $=3\ 000\times4.24=12\ 720$（元）

行政管理部门承担水费 $=16\ 950-12\ 720=4\ 230$（元）

会计分录如下：

借：制造费用　　31 280
　　管理费用　　7 720

第 4 章　生产费用在完工产品与在产品之间的分配

一、思考题（略）

二、选择题

1. C　2. C　3. C　4. A　5. A　6. ABC　7. AB　8. ACC　9. ABCD

三、计算题

1.

$$直接材料分配率=\frac{9\ 300+60\ 000}{2\ 700+600}=21$$

完工产品应负担的材料费用 $=2\ 700\times21=56\ 700$（元）

月末在产品应负担的材料费用 $=600\times21=12\ 600$（元）

$$直接人工分配率=\frac{6\ 000+21\ 000}{2\ 700+600\times50\%}=9$$

完工产品应负担的人工费用 $=2\ 700\times9=24\ 300$（元）

月末在产品应负担的人工费用 $=600\times50\%\times9=2\ 700$（元）

$$制造费用分配率=\frac{4\ 400+24\ 000}{2\ 700+800\times50\%}=10.2$$

完工产品应负担的制造费用 $=2\ 700\times10.2=27\ 540$（元）

月末在产品应负担的制造费用 $=600\times50\%\times10.2=3\ 060$（元）

完工产品成本 $=18\ 900+8\ 100+9\ 180=36\ 180$（元）

月末在产品成本 $=4\ 200+900+1\ 020=6\ 120$（元）

2.

期末在产品定额成本：

直接材料成本 $=300\times40=12\ 000$（元）

直接人工成本 $=300\times20\times5=3\ 000$（元）

制造费用 $=300\times20\times1=6\ 000$（元）

期末在产品定额成本 $=12\ 000+3\ 000+6\ 000=21\ 000$（元）

完工产品成本 $=6\ 500+110\ 000-21\ 000=95\ 500$（元）

3.

本月完工产品总成本 $=230\ 000+100\ 000+70\ 000=400\ 000$（元）

本月完工产品单位成本 $=400\ 000\div1\ 000=400$（元/吨）

贷：生产成本——辅助生产成本——供电车间　22 050

——供水车间　16 950

4.

（1）甲产品年度计划产量的定额工时 =2 600 ×5 =13 000（小时）

乙产品年度计划产量的定额工时 =2 250 ×4 =9 000（小时）

制造费用年度计划分配率 $= \frac{55\ 000}{13\ 000 + 9\ 000} = 2.5$（元/小时）

甲产品本月实际产量的定额工时 =240 ×5 =1 200（小时）

乙产品本月实际产量的定额工时 =150 ×4 =600（小时）

该月甲产品制造费用 =1 200 ×2.5 =3 000（元）

该月乙产品制造费用 =600 ×2.5 =1 500（元）

按计划分配率分配转出的制造费用 =3 000 +1 500 =4 500（元）

（2）借：生产成本——基本生产成本——甲产品　3 000

——乙产品　1 500

贷：制造费用　4 500

5.

不可修复废品的生产成本 =10 ×50 +150 ×（4 +10 +5）=3 350（元）

不可修复废品的净损失 =10 ×50 +150 ×（4 +10 +5）－80 +50

=3 320（元）

会计分录：

（1）将废品生产成本从其所记的“生产成本——基本生产成本”科目和所属明细账的贷方转出：

借：废品损失——甲产品　3 350

贷：生产成本——基本生产成本——甲产品　3 350

（2）收回废品残料价值：

借：原材料　80

贷：废品损失——甲产品　80

（3）应收过失人赔款：

借：其他应收款　50

贷：废品损失——甲产品　50

（4）将废品净损失 3 320 元，分配计入同种产品的成本，记入产品成本明细账“废品损失”成本项目：

借：生产成本——基本生产成本——甲产品　3 320

贷：废品损失——甲产品　3 320

产品成本计算单

产品：铁矿石　　产量：1 000 吨　　20××年×月　　单位：元

摘要	直接材料	直接人工	制造费用	合计
本月生产费用合计	230 000	100 000	70 000	400 000
本月完工产品成本	230 000	100 000	70 000	400 000
本月完工产品单位成本	230	100	70	400

4. （1）

$$第1工序产品投料程度=\frac{160}{160+40}\times100\%=80\%$$

$$第2工序产品投料程度=\frac{160+40}{160+40}\times100\%=100\%$$

第 1 工序在产品的约当产量 $=100\times80\%=80$（件）

第 2 工序在产品的约当产量 $=50\times100\%=50$（件）

（2）

$$第1工序产品投料程度=\frac{160\times50\%}{160+40}\times100\%=40\%$$

$$第2工序产品投料程度=\frac{160+40\times50\%}{160+40}\times100\%=90\%$$

第 1 工序在产品的约当产量 $=100\times40\%=40$（件）

第 2 工序在产品的约当产量 $=50\times90\%=45$（件）

5.

本月完工产品总成本 $=766\ 000+420\ 000+314\ 000=1\ 500\ 000$（元）

本月完工产品单位成本 $=1\ 500\ 000\div2\ 000=750$（元/吨）

产品成本计算单

产品：B 产品　　产量：2 000 吨　　20××年×月　　单位：元

摘要	直接材料	直接人工	制造费用	合计
月初在产品成本	58 000	26 500	15 500	100 000
本月发生费用	766 000	420 000	314 000	1 500 000
生产费用合计	824 000	446 500	329 500	1 600 000
本月完工产品成本	766 000	420 000	314 000	1 500 000
本月完工产品单位成本	383	210	157	750
月末在产品成本	58 000	26 500	15 500	100 000

第5章　产品成本计算方法概述

一、思考题（略）

二、选择题

1. AB　2. CD　3. A　4. A　5. AC

第6章　产品成本计算的品种法

一、思考题（略）

二、选择题

1. C　2. AC　3. C　4. AB

三、判断题

1. ×　2. √　3. √　4. √　5. ×

四、核算题

1. 要素费用分配。

（1）材料费用分配。

$$材料费用分配率=\frac{1\ 000}{440+560}=10$$

甲产品应负担的原材料费用 $=440\times10+10\ 800=15\ 200$（元）

乙产品应负担的原材料费用 $=560\times10+18\ 000=23\ 600$（元）

借：生产成本——基本生产成本——甲产品　　15 200
　　　　　　　　　　　　　　——乙产品　　23 600
　　制造费用　　1 200
　　生产成本——辅助生产成本　　2 300
　　贷：原材料　　42 300

（2）工资费用分配。

$$工资费用分配率=\frac{1\ 600}{200+500}=20$$

甲产品应负担的工资费用 $=300\times20=6\ 000$（元）

乙产品应负担的工资费用 $=500\times20-10\ 000$（元）

借：生产成本——基本生产成本——甲产品　　6 000
　　　　　　　　　　　　　　——乙产品　　10 000
　　制造费用　　2 500
　　生产成本——辅助生产成本　　1 500
　　贷：应付职工薪酬——工资　　20 000

（3）计提职工福利费。

借：生产成本——基本生产成本——甲产品　　840

——乙产品　　1 400

制造费用　　350

生产成本——辅助生产成本　　210

贷：应付职工薪酬——职工福利　　2 800

（4）计提固定资产折旧。

基本生产车间月折旧额 =100 000 ×1% =1 000（元）

辅助生产车间月折旧额 =40 000 ×1% =400（元）

借：制造费用　　1 000

生产成本——辅助生产成本　　400

贷：累计折旧　　1 400

（5）其他支出。

借：制造费用　　1 200

生产成本——辅助生产成本　　600

贷：银行存款　　1 800

2. 辅助生产费用分配。

辅助生产费用合计 =2 300 +1 520 +210 +400 +600 =5 030（元）

辅助生产费用分配 $=\frac{5\ 030}{2\ 515}=2$

基本生产车间应负担 =2 000 ×2 =4 000（元）

管理部门应负担 =515 ×2 =1 030（元）

借：制造费用　　4 000

管理费用　　1 030

贷：生产成本——辅助生产成本　　5 030

3. 基本生产车间制造费用分配。

制造费用 =1 200 +2 500 +350 +1 000 +1 200 +4 000 =10 250（元）

制造费用分配率 $=\frac{10\ 250}{30+500}=12.8125$

甲产品的制造费用 =300 ×12. 812 5 =3 843. 75（元）

乙产品的制造费用 =500 ×12. 812 5 =6 406. 25（元）

借：生产成本——基本生产成本——甲产品　　3 843. 75

——乙产品　　6 406. 25

贷：制造费用　　10 250

4. 计算、填列产品成本明细账，计算甲乙产品成本，见下列表。

产品成本明细账

产品产量：100 件

产品名称：甲　　××××年6月　　单位：元

项目	原材料	职工薪酬	制造费用	合计
月初在产品成本	4 000	1 200	4 300	9 500
本月生产费用	15 200	6 840	3 843. 75	25 833. 75
生产费用合计	19 200	8 040	8 143. 75	35 383. 75
完工产品成本	15 200	6 840	3 843. 75	25 883. 75
月末在产品成本	4 000	1 200	4 300	9 500

产品成本明细账

产品产量：100 件

在产品约当产量：25 件

产品名称：乙　　××××年6月　　单位：元

项目	原材料	职工薪酬	制造费用	合计
月初在产品成本	6 000	3 500	5 000	14 500
本月生产费用	23 600	11 400	6 406. 25	41 406. 25
生产费用合计	29 600	14 900	11 406. 25	55 906. 25
分配率	197. 1333	119. 20	91. 25	
完工产品成本	19 733. 33	11 920	9 125	40 778. 33
在产品成本	9 866. 67	2 980	2 281. 25	15 127. 92

$$原材料分配率 = \frac{29\ 600}{100 + 50} = 197.3333$$

$$工资及福利费分配率 = \frac{14\ 900}{100 + 50 \times 50\%} = 119.2$$

$$制造费用分配率 = \frac{114.6.25}{100 + 50 \times 50\%} = 91.25$$

5. 结转入库产成品成本。

借：库存商品——甲产品　　25 883. 75

——乙产品　　40 778. 33

贷：生产成本——基本生产成本　　66 662. 08

第 7 章　产品成本计算的分批法

一、思考题（略）

二、选择题

1. B　2. C　3. B　4. ABC　5. ABCD

三、判断题

1. ×　2. √　3. ×　4. √　5. √　6. ×　7. √　8. ×　9. √　10. √

四、核算题

1. 甲产品成本明细账，见下表。

甲产品成本明细账

投产日期：5 月

产品批号：1614　　完工日期：5 月完工 6 台

产品名称：甲　　批量：10 台　　单位：元

月	日	摘要	原材料	职工薪酬	制造费用	合计
5	31	本月生产费用	3 360	2 350	2 800	8 510
5	31	完工产品成本	2 016	1 762. 50	2 100	5 878. 50
5	31	完工产品单位成本（6 台）	336	293. 75	210	979. 75
5	31	月末在产品费用	1 344	587. 50	700	2 631. 50

表内数字计算：

完工产品原材料费用 $=\frac{3\ 360}{6+4}\times 6=2\ 016$（元）

月末在产品原材料费用 $=\frac{3\ 360}{6+4}\times 4=1\ 344$（元）

在产品约当产量 $=4\times 50\%=2$（台）

完工产品工资及福利费 $=\frac{2\ 350}{6+2}\times 6=1\ 762.5$（元）

月末在产品工资及福利费 $=\frac{2\ 350}{6+2}\times 2=587.5$（元）

完工产品制造费用 $=\frac{2\ 800}{6+2}\times 6=2\ 100$（元）

月末在产品制造费用 $=\frac{2\ 800}{6+2}\times 2=700$（元）

2. 乙产品成本明细账，见下表。

乙产品成本明细账

投产日期：5 月

产品批号：1615　　完工日期：5 月完工 2 台

产品名称：乙　　批量：10 台　　单位：元

月	日	摘要	原材料	职工薪酬	制造费用	合计
5	31	本月生产费用	4 600	3 050	1 980	9 630
5	31	单台计划成本	460	350	240	1 050
5	31	完工 2 台产品计划成本	920	700	480	2 100
5	31	月末在产品费用	3 680	2 350	1 500	7 530

第8章　产品成本计算的分步法

一、思考题（略）

二、选择题

1. D　2. D　3. B　4. B　5. C　6. C　7. C　8. ABCD　9. AB　10. AB

三、判断题

1. √　2. √　3. √　4. √　5. √　6. ×　7. √　8. ×　9. √　10. √

四、核算题

1.

第一车间产品成本计算单

产品：A半成品　　20××年3月　　单位：元

摘要	直接材料	直接人工	制造费用	合计
月初在产品成本	25 000	6 250	5 000	36 250
本月本步发生费用	275 000	131 250	105 000	511 250
生产费用合计	300 000	137 500	110 000	547 500
约当总产量	600	550	550	
单位成本	500	250	200	950
转出半成品成本	250 000	125 000	100 000	475 000
月末在产品成本	50 000	12 500	10 000	72 500

第二车间产品成本计算单

产品：B半成品　　20××年3月　　单位：元

摘要	A半成品	直接人工	制造费用	合计
月初在产品成本	95 000	20 000	15 000	130 000
本月本步发生费用	475 000	200 000	150 000	825 000
生产费用合计	570 000	220 000	165 000	955 000
约当总产量	600	550	550	
单位成本	950	400	300	1650
转出半成品成本	475 000	200 000	150 000	825 000
月末在产品成本	95 000	20 000	15 000	130 000

第三车间产品成本计算单

产品：甲产品　　　　20××年3月　　　　单位：元

摘要	B半成品	直接人工	制造费用	合计
月初在产品成本	330 000	40 000	30 000	400 000
本月本步发生费用	825 000	210 000	157 500	1 192 500
生产费用合计	1 155 000	250 000	187 500	1 592 500
约当总产量	700	625	625	
单位成本	1 650	400	300	2350
完工产品成本	907 500	220 000	165 000	1 292 500
月末在产品成本	247 500	30 000	22 500	300 000

结转完工产品会计分录：

借：库存商品　　　　1 292 500

　贷：生产成本　　　　1 292 500

产品成本还原计算表

产品：甲产品　产量：550　　　20××年3月

摘要	成本项目					
	B半成品	A半成品	直接材料	直接人工	制造费用	合计
还原前总成本（元）	907 500			220 000	165 000	1 292 500
B半成品成本构成比重（%）		57.58		24.24	18.18	100
B半成品成本还原（元）	-907 500	522 500		220 000	165 000	0
A半成品成本还原比重（%）			52.63	26.32	21.05	100
A半成品成本还原（元）		-522 500	275 000	137 500	110 000	0
还原后总成本（元）			275 000	577 500	440 000	1 292 500
还原后单位成本（元）			500	1 050	800	2 350

2.　　　　**第一步骤成本计算单**　　　　单位：元

摘要	材料	工资	费用	合计
费用累计	21 450	5 115	10 560	37 125
完工成本转出	-15 600	-3 720	-7 680	-27 000
月末在产品成本	5 850	1 395	2 880	10 125

第二步骤成本计算单

完工：270 件
在产品：60 件
金额单位：元

摘要	材料	工资	费用	合计
月初费用	4 920	2 260	5 805	12 985
本月本步费用		2 175	4 800	6 975
本月上步转入	15 600	3 720	7 680	27 000
合计	20 520	8 155	18 285	46 960
定额费用率	63	0.35	0.75	
月末在产品成本	3 780	1 540	3 300	8 620
完工产成品成本	16 740	6 615	14 985	38 340
单位成本	62	24.5	55.5	142

借：库存商品　　38 340
　　贷：库存商品　　38 340

第 9 章　产品成本计算的分类法

一、思考题（略）

二、选择题

1. C　2. B　3. C　4. CD　5. ACD　6. AB

三、判断题

1. ×　2. ×　3. √　4. √　5. ×　6. ×　7. √

四、核算题

1. 编制原材料费用系数计算表，见下表。

原材料费用系数计算表

产品名称	原材料费用定额（元）	原材料费用系数
甲	270	270 ÷ 300 = 0.9
乙（标注产品）	300	1
丙	450	450 ÷ 300 = 1.5

2. 计算甲、乙、丙三种产品的成本，编制产品成本计算表，见下表。

工费分配表

20××年×月

项目	工时（小时）	职工薪酬（元）	制造费用（元）
本月发生额	12 000	24 000	30 000
分配率		2	2.5
甲产品	11 000	22 000	27 500
乙产品	1 000	2 000	2 500
合计	12 000	24 000	30 000

各种费用分配率计算如下：

（1）原材料费用分配率 $=\frac{900\ 600}{2\ 850}=316$

（2）工资及福利费用分配率 $=\frac{111\ 650}{31\ 900}=3.5$

（3）制造费用分配率 $=\frac{175\ 450}{31\ 900}=5.5$

第10章　作业成本法

一、思考题（略）

二、选择题

1. ACD　2. C　3. D　4. A　5. ABD

三、计算分析题

1. （1）传统成本计算法。

制造费用分配表

项目	A产品	B产品	合计
机器小时数	2 400	1 600	3 000
分配率	120 000/4 000 = 30（元/小时）		30
制造费用（元）	72 000	48 000	120 000

（2）作业成本计算法。

制造费用分配表

金额单位：元

项目	金额	作业量	单位产品作业成本	A产品		B产品	
				作业量	作业成本	作业量	作业成本
装配费用	44 000	4 000	11	2 400	26 400	1 600	17 600
质量检查费	40 000	20	2 000	15	30 000	5	10 000
设备调试费	36 000	20	1 800	15	27 000	5	9 000
合计	120 000				83 400		36 600

2. （1）按照作业成本法计算成本：

质量检查作业成本分配率 $=\frac{4\ 000}{5+15}=200$

订单处理作业成本分配率 $=\frac{4\ 000}{10+30}=100$

机器运行作业成本分配率 $=\frac{40\ 000}{200+800}=40$

调整准备作业成本分配率 $=\frac{2\ 000}{6+4}=200$

A产品分配的本月发生的作业成本 $=200\times5+100\times30+40\times200+200\times6=13\ 200$（元）

单位作业成本 $=\frac{13\ 200}{100}=132$（元）

A单位成本 $=50+40+132=222$（元/件）

B产品分配的本月发生的作业成本 $=200\times15+100\times10+40\times800+200\times4=36\ 800$（元）

单位作业成本 $=\frac{36\ 800}{200}=184$（元）

B单位成本 $=80+30+184=294$（元/件）

（2）按照传统成本计算法计算成本：

本月发生制造费用分配率 $=\frac{50\ 000}{200+800}=50$

A产品分配的本月发生的制造费用 $=50\times200=10\ 000$（元）

A产品单位制造费用 $=\frac{10\ 000}{100}=100$（元）

A产品单位成本 $=50+40+100=190$（元/件）

B产品分配的本月发生的制造费用 $=50\times800=40\ 000$（元）

B产品单位制造费用 $=\frac{40\ 000}{200}=200$（元）

B产品单位成本 = 80 + 30 + 200 = 310（元/件）

（3）略。

第 11 章　成本报表的编制与分析

一、思考题（略）

二、选择题

1. B　2. ACD　3. A　4. BD　5. C　6. ABD　7. B　8. ACD　9. C　10. ABC

三、判断题

1. √　2. √　3. √　4. ×　5. ×　6. √　7. √　8. ×　9. ×　10. √

四、分析题

要求对全部产品生产成本计划完成情况分析。

1. 产品生产成本表的编制，见下表。

产品生产成本表　　金额单位：元

产品名称	计量单位	实际产量	单位成本			总成本		
			上年实际平均	本年计划	本期实际	按上年实际平均单位成本计算	按本年计划单位成本计算	本期实际
可比产品合计						52 500	50 450	49 450
甲	件	30	700	690	680	21 000	20 700	20 400
乙	件	35	900	850	830	31 500	29 750	29 050
不可比产品合计								
丙	件	20	—	400	460	—	8 000	9 200
全部产品							108 900	108 100

2. 全部产品生产成本计划完成情况。

108 100 − 108 900 = −800（元）（节约）

$\frac{-800}{108\ 900}\times 100\% = -0.73\%$（节约）

计划产值成本率为60%，实际数为：

$\frac{108\ 100}{102\ 000} = 105.98$（元）

以上计算表明，本月全部产品实际总成本虽然比计划节约，但本月商品产值也大，从产值成本率分析看，企业本月生产耗费的经济效益是好的。总成本节约较少主要是由于丙产品（不可比产品）成本超支，而可比产品甲、乙产品成本都是降低的。进一步分析，应查明丙产品成本超支和甲、乙产品成本降低的原因。

参考文献

[1] 中国注册会计师协会：《财务成本管理》，中国财政经济出版社2019年版。

[2] 中国注册会计师协会：《会计》，中国财政经济出版社2019年版。

[3] 于富生、黎来芳、张敏：《成本会计学》(第8版)，中国人民大学出版社2018年版。

[4] 于富生、黎来芳、张敏：《〈成本会计学（第8版)〉学习指导书》，中国人民大学出版社2018年版。

[5] 乐艳芬：《成本管理会计》（第四版)，复旦大学出版社2017年版。

[6] 孟炎、刘俊勇：《成本管理会计》(第二版)，高等教育出版社2016年版。

[7] 万寿义、任月君：《成本会计》(第4版)，东北财经大学出版社2016年版。

[8] 赵书和：《成本会计与管理会计》(第4版)，机械工业出版社2015年版。

[9] 郑丁旺、汪泱若等：《成本于管理会计》，中国人民大学出版社2014年版。

[10] 财政部会计司：《企业产品成本核算制度（试行）讲解》，中国财政经济出版社2014年版。

[11] 崔乐忠：《成本会计》，中国经济出版社2013年版。

[12] 刘相礼、王苹香：《成本会计实务与案例》，北京大学出版社2012年版。

[13] 查尔斯·T. 亨格瑞等主编，王立彦等译：《成本与管理会计》(第13版)，中国人民大学出版社2010年版。